Peter Classen

Indigo-Menschen
und der *Weg* aus dem
Burnout

Ihr Anderssein ist eine Chance!

AMRA

Originalausgabe

Besuchen Sie uns im Internet:
www.amraverlag.de

Deutsche Ausgabe:
Copyright © 2009 by AMRA Verlag
Auf der Reitbahn 8, D-63452 Hanau
Telefon: + 49 (0) 61 81–18 93 92
Kontakt: info@amraverlag.de

Herausgeber & Lektor	Michael Nagula
Umschlag	Devam Will
Layout & Satz	nima typografik
Druck	CPI Moravia Books

ISBN 978-3-939373-27-8

Was sie bei meinem Sohn testen, ist uns egal.
Was sie auf die Zeugnisse schreiben, ist uns egal.

Wenn mein Sohn von der Schule
nach Hause kommt, darf er Kind sein.

Wenn er fragt, will er lernen –
und jetzt darf ich lehren.

Neugierig macht ihn die Welt von selber.

Eine Mutter

Inhalt

Einführung

Viele Menschen werden als auffällig bezeichnet und oft auch als behindert oder krank abgetan. Legasthenie, ADS, ADHS und Autismus sind nur einige der Begriffe, die ein solches Denken fördern. Aber könnte es nicht sein, dass es bei ihnen gar nicht so sehr um Behinderung oder Krankheit geht, dass sich etwas ganz Anderes dahinter verbirgt?

Was ist, wenn die Betroffenen ungeahnte Talente aufweisen? Was ist, wenn wir es mit Indigo-Menschen zu tun haben, die eine starke Anbindung an das Göttliche haben?

Diesen und anderen Fragen gehe ich im vorliegenden Buch nach.

Was sind Indigo-Menschen überhaupt? Indigos sind Personen, die auf andere Weise wahrnehmen und sich oft nur zögerlich oder ängstlich dazu äußern. Einige trauen sich auch gar nicht, darüber zu sprechen. Noch nicht.

Warum zögern sie? Und warum sind sie so ängstlich? Es ist die Angst, nicht verstanden zu werden. Indigo-Menschen nehmen anders wahr und werden dadurch in ihrem Sein, »so wie das Leben sie geschaffen hat«, nicht verstanden. Und nicht verstanden zu werden, ist ein sehr unangenehmes Gefühl – deshalb schweigen sie.

Als Legastheniker und ADSler habe ich in der Schule und im Elternhaus meistens negative Anerkennung erfahren. Die Natur hingegen liebte ich schon immer, und dort fand ich auch die Kraft zum Leben.

Wie konnte es sein, dass ich in der Schule in Deutsch und Englisch immer mangelhaft bewertet wurde und später bei einem japanischen Fahrzeughersteller als Homologationsleiter arbeitete, mich mühelos auf Englisch verständigte und heute als Schriftsteller tätig bin? Was geschieht da? Woher habe ich mein Wissen? Woher kamen die englischen Worte, als ich sie brauchte? Wieso haben die Psychologen mich in meiner Kindheit als hochbegabt eingestuft, und in der Schule war ich dann ein »Versager«? Ich bin ein Indigo-Mensch.

Als Indigo-Mensch zu leben ist oft nicht leicht, und mit diesem Buch lade ich die Leser ein, sich selbst zu erkennen und an sich zu glauben. Es spiegelt auch meinen eigenen Entwicklungsprozess, wie ich als Indigo-Mensch begann, erwachsen zu werden. Dieser Prozess ist fortlaufend, und so befinde ich mich immer noch mitten drin.

Dass ich dieses Buch für Indigo-Erwachsene geschrieben habe, ist eine logische Konsequenz aus meiner beruflichen Tätigkeit. Ich arbeite jetzt schon seit längerem als Legasthenie- und ADS/

ADHS-Berater, und dabei ist mir aufgefallen, dass die Eltern vieler Kinder, bei denen heute Auffälligkeiten attestiert werden, oft ähnliche Wahrnehmungsfähigkeiten haben wie ihre Kinder, sie aber nicht gelten lassen. Um ein persönliches Beispiel zu nennen: Mein Vater war Tierarzt und hatte die berühmte Doktorschrift. Man konnte sie nicht lesen und somit auch keinen Fehler erkennen. Das war seine Art, sich vor Ausgrenzung und Erniedrigung bei einem Fehler zu schützen.

Da er sich selbst und seine Wahrnehmungsfähigkeiten noch nicht erfahren und erkannt hatte, konnte er mir auf meinem Weg, mich selbst zu erkennen, auch nicht helfen.

Sobald wir uns als erwachsene Indigo-Menschen erkannt und angenommen haben, können wir auch mit unseren Kindern eine neue Ebene der Kommunikation aufbauen.

Das ist oft für die ganze Familie und die schulische Situation entspannend und heilsam.

Ich würde mich freuen, wenn Sie mit mir auf eine innere Entdeckungsreise gehen, die durch persönliche Erfahrungsberichte von betroffenen Kindern und Erwachsenen begleitet wird, die mir im Laufe meiner Arbeit von Eltern, Lehrern und Erziehern geschildert wurden.

Ich möchte Sie dazu von Herzen einladen.

Anders zu sein ist das Normale

Wir haben alle von Geburt an Zugang zur geistigen Welt. Durch das Leben hier auf der Erde wird er uns abgeschnitten. Dies ist kein Unglück. Es dient dazu, uns Menschen in die Freiheit zu führen, damit wir aus freien Stücken wählen können, welchen Weg wir gehen wollen. »Normale« Menschen kommen damit auch ganz gut zurecht.

Lassen Sie mich einmal den Begriff »normal« etwas näher bestimmen. Normal heißt der Norm entsprechend. Die Norm wird festgelegt durch den größeren Teil einer gleichartigen Sache oder, wie in diesem Fall, durch die größere Gruppe von Menschen. Indigo-Menschen lassen sich jedoch nicht einfach abschneiden von der geistigen Welt. Sie rebellieren. ADS, ADHS und andere Erscheinungen sind die Folgen. Indigos werden oft auffällig und folgen nicht mehr den Anweisungen der bestehenden Gesellschaft. Sie können ihr nicht mehr folgen. Tief in ihrem Inneren wissen sie um ihren Auftrag, etwas zu verändern.

Dies geschieht meist unbewusst. Als Kinder konnten Sie ihren Kontakt zur geistigen Welt nicht so erklären, dass er von den Erwachsenen hätte verstanden werden können. Das führte oft zu Ausgrenzung und Erniedrigung, wodurch seelische Verletzungen entstanden. Diese Verletzungen hindern sie daran, ihre Berufung zu leben. Ihre Persönlichkeit wurde von außen geprägt und hat oft nichts mehr mit ihrem wahren Ich zu tun.

Damit sind wir auch schon beim Kernpunkt unseres Themas. Ich möchte es einmal so darstellen: Junge Menschen (Indigo-Kinder) und ältere Menschen (Erwachsene) treffen zusammen, und es fehlt ihnen die Grundlage für eine Verständigung, die gemeinsame Sprache. *Indigo-Kinder nehmen einfach anders wahr als Erwachsene.*

Es nützt nichts, wenn wir versuchen, den Kindern und Indigo-Erwachsenen unsere bestehenden Auffassungen zu diktieren. Das verstärkt lediglich die unbewusste und ungewollte Rebellion. Alle Menschen, besonders unsere Kinder, müssen verstehen, warum sie etwas lernen oder tun sollen, und das bereits bei den kleinsten Dingen.

Wir alle kennen das aus eigener Erfahrung. Wenn der Chef sagt: »Führen Sie eine bestimmte Arbeit aus«, gibt er uns damit ein Ziel vor, und wir wissen recht schnell, ob wir dem Auftrag gewachsen sind oder nicht. Sind wir ihm nicht gewachsen, können wir mit dem Chef darüber reden, und er kann uns einen Weg aufzeigen. Das ist gut und richtig so. Sind wir dem Auftrag allerdings gewachsen und wissen sofort, wie wir vorgehen wollen, ist das genauso gut, und wir brauchen den Rat des Chefs nicht.

Oft ist es jedoch so, dass wir dem Auftrag gewachsen sind und auch genau wissen, wie wir zum vorgegebenen Ziel gelangen können. Wir wissen, so nenne ich es einfach mal, dass wir den Weg links herum gehen wollen und auch können. Wenn jetzt der Chef kommt und von uns verlangt, dass wir den Weg zum Ziel rechts herum gehen sollen, spüren wir in uns sofort Unruhe und Unverständnis. Wir folgen nur widerwillig – so geht es den meisten Indigos.

Warum sollten wir etwas anders tun als auf unsere Weise, wenn sie ebenfalls zum Ziel führt?

Dieses Problem zeigt sich bei Kindern und Erwachsenen gleichermaßen. Die vielen psychischen Erkrankungen sprechen eine deutliche Sprache, und ebenso aussagekräftig ist die Tatsache, dass in Deutschland fünfzig Prozent aller Beschäftigten die innere Kündigung ausgesprochen hat. Vor fünfundzwanzig Jahren waren es nur fünfundzwanzig Prozent aller Beschäftigten. Außerdem gibt es eine große Anzahl von Menschen, die dem bestehenden System den Rücken gekehrt haben und von den Arbeitsämtern ausgemustert wurden, sodass sie gar nicht mehr gelistet sind. Sie leben in einer Grauzone.

Gehen wir jetzt davon aus, dass heute fünfzig Prozent der Menschen gerne ihre Arbeit tun und fünfzig Prozent ungern, so können wir nicht mehr sagen, was normal ist, da beide Gruppen gleich stark sind. Wenn ich jetzt in die Zukunft schaue, sehe ich in zehn Jahren nur noch fünfunddreißig Prozent aller Beschäftigten gerne arbeiten, und fünfundsechzig Prozent können sich mit den gegebenen gesellschaftlichen Voraussetzungen nicht mehr identifizieren. Dass es so kommen wird, zeigt uns ja – wie schon erwähnt – die dramatische und kontinuierliche Zunahme der psychischen Erkrankungen, sowohl bei Kindern als auch bei Erwachsenen. Dazu kommen die Menschen, die in dieser Grauzone leben.

Ist es zu weit hergeholt, wenn ich behaupte, dass in zehn Jahren die fünfundsechzig Prozent der Menschen normal sind, die die gegebenen Voraussetzungen nicht mehr akzeptieren?

Ich bin sicher, dass wir auf eine radikale Änderung der Verhältnisse zusteuern. Sichtbar wird das an den Indigo-Menschen, besonders an den Neuen Kindern.

Immer mehr dieser Kinder werden als verhaltensauffällig eingestuft. Ein verhaltensauffälliger Mensch ist aber nicht unbedingt auch ein Indigo-Mensch, und ebenso wenig ist ein Indigo-Mensch automatisch verhaltensauffällig. Das Gleiche gilt für Legastheniker. Auch sie sind nicht alle automatisch Indigo-Menschen.

Legasthenie an sich ist eine deutliche Verhaltens-
auffälligkeit. Was bewirkt sie? Sie fordert uns zum
Überdenken der Lehr- und Lernmethoden auf.
Legasthenie ist weder eine Krankheit noch eine
Lernbehinderung, sondern lediglich ein Zeichen,
dass die Lernwege dem Kind nicht angemessen sind.
Das Gleiche gilt für Indigo-Menschen mit ADS und
ADHS. Ihr Umfeld ist ihnen nicht angemessen.
Ein Indigo-Kind, das seinem Naturell entsprechend
aufwächst, entwickelt keine Verhaltensauffälligkei-
ten wie Legasthenie, ADS oder ADHS.

Hier möchte ich kurz innehalten und ausdrücklich betonen, dass es mir in diesem Buch in kein-
ster Weise darum geht, jemandem eine Schuld zu
geben oder Versagen zu suggerieren. Das Gegenteil ist der Fall. Es geht mir darum, eine Verständi-
gungsmöglichkeit zu schaffen, damit wir lernen, eine
gemeinsame »Sprache« zu sprechen. Wenn Ihnen
das bisher Geschriebene allerdings zu weit hergeholt erscheint, können Sie hier jetzt ruhigen Ge-
wissens aufhören zu lesen, denn dann wird sich in
Ihrem privaten Umfeld aller Voraussicht nach kein
Legastheniker oder Indigo-Mensch befinden.

Was entspricht nun dem Naturell eines Indigos?
Was benötigt er, damit es nicht zu Verhaltensauf-
fälligkeiten kommt? Zwei grundsätzliche Dinge:

1. *Herzensliebe,* die bedingungslose Herzensliebe der Eltern, des Partners oder der Partnerin und der Mitmenschen.
2. *Wahrhaftigkeit.* Wir alle kennen Notlügen, die einfach so dahingesagt werden. Indigos vertragen so etwas jedoch nicht. Sie vertragen es nicht einmal, wenn jemand etwas anderes sagt, als er denkt. Sie spüren die Unwahrheit und leiden darunter große Qualen, von Geburt an, oder sogar schon früher. Und sie verlieren den Respekt vor Menschen, die unwahrhaftig sind. Darin liegt auch die Ursache ihrer Rebellion.

An dieser Stelle möchte ich ein Beispiel für Unwahrhaftigkeit geben, an Hand eines Verhaltens, das ich gegenüber meinem Sohn (einem Indigo-Kind) an den Tag legte, als er zwei Monate alt war. Was damals geschah, ist mir allerdings erst zehn Jahre später bewusst geworden.

Ich kam abends von der Arbeit nach Hause und sollte auf meinen Sohn aufpassen, da seine Mutter mit Freunden essen gehen wollte. Meine damalige Frau sagte zu mir: »Im Kühlschrank ist ein Fläschchen für den Jungen, du kannst es ihm warm machen, und für dich ist Brot und Aufschnitt da.« Ich antwortete, mit meinem Sohn auf dem Arm: »Ja, ist gut, fahr du nur ruhig los, ich finde schon alles.« Sie machte sich auf den Weg. Als sie außer Sichtweite war, sagte ich zu meinem Sohn: »Ich esse heute Abend doch keine Brote. Weißt du was? Ich ziehe dich warm an, nehme dein Fläschchen mit, und dann fahren wir zur Pizzeria. Da esse ich eine Pizza und trinke einen leckeren Rotwein.« Aus der Pizza und dem Rotwein wurden nichts, weil mein Sohn beim Verlassen des Hauses anfing zu schreien, in einer Lautstärke und Heftigkeit, die ich vorher nicht und auch nachher nie wieder bei ihm erlebt habe. Ich musste umkehren. Als wir zurück im Haus waren, beruhigte mein Sohn sich wieder.

Zehn Jahre lang ließ mir dieser Vorfall (wie auch andere, ähnlich geartete) keine Ruhe. Warum war das geschehen?

Ich fand keine Erklärung, bis ich eines Tages begriff, dass mein Sohn ein Indigo-Kind ist. Er hatte meine fehlende Wahrhaftigkeit gegenüber seiner Mutter nicht vertragen. Glücklicherweise hatte er daraufhin so laut und anhaltend geschrien, dass ich umkehren musste. Danach war wieder alles gut gewesen – und das ist das Schöne!

Indigos sind nicht nachtragend. Wenn der Fehler eingestanden ist, dann hat es sich erledigt, dann ist alles wieder gut. Wird er jedoch nicht eingestanden, bleibt die unangenehme Situation bestehen: Die Indigos gehen in Rebellion. Diese Rebellion kann sich dann gegen andere richten, aber auch gegen sich selbst. Manchmal haben Indigos sogar Todessehnsüchte. Sie wollen nach Hause, zum Göttlichen. Haben sie den Kontakt zum Göttlichen jedoch noch nicht ganz verloren, können sie die Hand nicht gegen sich oder andere erheben und beginnen ihren Auftrag zu erfüllen, uns ihr Wissen mitzuteilen.

Das ist der Wendepunkt. Sobald sie erkannt haben, dass sie uns etwas mitzuteilen haben, stehen sie vor der Entscheidung, ob sie ihren Weg im Leid gehen wollen oder es vorziehen, ihren Auftrag voller Lebensfreude zu erfüllen.

Es steht uns frei zu wählen. Wir können entscheiden, was wir wollen.

An dieser Stelle gebe ich unumwunden zu, dass ich mich manchmal noch immer im Leid befinde. Ich leide an der Uneinsichtigkeit der Menschen, der Kälte im Umgang miteinander und der krankhaften Ichbezogenheit. Sobald ich aber meiner Berufung folge und meine Arbeit ausführe mit Vorträgen, Seminaren und Schreiben, ist das Leiden aufgelöst. Dann arbeite ich aus Leidenschaft und voller Lebensfreude.

Und das ist es, was ich zu lernen habe: Nimm die Menschen so an, wie sie sind. Höre auf, sie zu bewerten, sonst machst du das Gleiche, was sie mit dir in der Schule und im Elternhaus gemacht haben: bewerten, beurteilen, ja aburteilen.

Jeder ist richtig, wie er ist. Gott hätte ihn sonst nicht so geschaffen.

Aussage einer Simultan-Dolmetscherin in vier Sprachen

»Ich bin Legasthenikerin und ADHSlerin wie du, kann nicht lesen und schreiben. Bitte mach deine Bücher als Hörbücher. Ich will wissen, was du schreibst.«

Woher hat sie ihr Wissen? Sie kann ja nicht lesen. Warum nimmt man nur ihre Talente in Anspruch und vermittelt ihr nicht, wie sie mit der Schrift umgehen kann? Soll sie unbewusst bleiben? Nur zur Verfügung stehen und dienen? Wem soll sie dienen? Die Antworten gibt uns das tägliche Leben.

Unbewusst anders zu sein bedeutet oft Leiden. Bewusst anders zu sein und dazu zu stehen heißt – seine Berufung leben, mit Leidenschaft leben.

Wie erkenne ich einen Indigo-Menschen?

2

Ein wesentliches Erkennungsmerkmal eines Indigo-Menschen ist die Farbe seiner Aura, seines Energiekörpers, den Hellsichtige wahrnehmen können. Er ist stark indigoblau. Die Amerikanerin Nancy Ann Tappe hat diese neue Aurafarbe als Erste bewusst wahrgenommen und in den Achtzigerjahren darüber geschrieben. Sie stellte bei Kindern mit der anderen Aurafarbe auch veränderte Verhaltensweisen und Veranlagungen fest.

Schon vor hundert Jahren sagte Rudolf Steiner, der Begründer der Anthroposophie, voraus, dass es in Kürze eine neue Generation von Menschen geben werde.

Viele bezeichnen diese neue Generation heute als »Planetenmenschen«, weil sie einen anderen Ursprung hat als bisherige Menschen. Ihre Seelen bringen bei der Geburt ein wesentlich größeres und vor allem ganz anderes Vorwissen mit.

Das erklärt auch ihre Verständigungsschwierigkeiten. Diese Menschen kommen häufig mit offenen Augen zur Welt und haben eine Kraft in ihren Augen, die manche Eltern erschrecken lässt. Sie laufen meist erst spät, krabbeln oft vorher kaum, und eines der ersten Worte, die sie sprechen können, ist »Nein«. Sie wissen, was sie wollen – oder besser: sollen. Sie kennen ihren Auftrag, den sie auf der Erde zu erfüllen haben. (In späteren Kapiteln behandle ich dieses Thema ausführlicher.)

Es ist jedoch nicht einfach, sich selbst oder andere als Indigo-Menschen zu erkennen. Dazu bedarf es einer hohen Sensibilität. Eine sehr gute Methode ist, die Veränderungen in der eigenen Verhaltensweise auf die Reaktionen der Mitmenschen zu beobachten. Ähnlich wie ich es von meinem Sohn lernen durfte – bei der Geschichte mit der Pizza und dem Rotwein. Probieren sie es aus, und gehen sie ruhig mutig vor. Reagieren Sie anders. Sie können nichts falsch machen, wohl aber vieles besser. Mir persönlich hilft dabei der Satz: »Es ist noch kein Meister vom Himmel gefallen.«

Entspannt sich eine Situation durch die Veränderung der eigenen Sicht- und Vorgehensweise, bin ich dem Erkennen ein großes Stück nähergekommen.

Nancy Ann Tappe teilt die Indigo-Menschen in vier Hauptgruppen ein:

1. *der humanistische Typ:* Sie sind sehr kontaktfreudig, gehen auf andere Menschen freundlich zu, sprechen

offen, manchmal auch viel und sind hyperaktiv. Sie werden später mitten unter den Menschen arbeiten, als Ärzte, Lehrer, Verkäufer und Politiker. Sie stellen sich oft mit ihrem Körper ungeschickt an und fahren manchmal gegen eine Wand, weil sie vergessen zu bremsen.

2. *der ideenorientierte Typ:* Sie sind mehr an Projekten als an Menschen interessiert. Sie werden später als Ingenieure, Architekten, Designer und Piloten arbeiten. Sie sind körperlich nicht unbeholfen und oft sehr sportlich. Sie haben Probleme mit Kontrolle und versuchen die Eltern zu manipulieren – Jungen die Mütter und Mädchen die Väter. Dieser Typ neigt im Teenageralter zu Suchterkrankungen.

3. *der künstlerische Typ:* Dieser Typ ist viel sensibler und manchmal auch etwas kleinwüchsiger. Egal, als was diese Menschen arbeiten oder womit sie sich beschäftigen, sie werden sich immer mit dem kreativen Teil einer Aufgabe befassen. Sie probieren alles aus, und das ist gut so.

4. *der interdimensionale Typ:* Sie sind größer als alle anderen Indigos, und schon im Alter von ein, zwei Jahren lassen sie sich nichts mehr sagen. »Das weiß ich doch. Ich kann das alleine. Lass mich«, bekommen die Eltern und Erzieher dann zu hören. Diese Menschen werden neue Philosophien und Religionen auf die Welt bringen. Sie lassen sich nicht eingliedern wie die anderen drei Typen.

Die Einteilung von Nancy Anne Tappe ist nur eine grobe Hilfestellung, um Indigos leichter erkennen zu können. Unterschiede gibt es so viele, wie es Indigos gibt. Viele dieser Menschen stammen aus geschiedenen Ehen, wie zum Beispiel mein Sohn.

Wenn ein Elternteil jetzt erkannt hat, dass sein Kind höchstwahrscheinlich ein Indigo ist, kommt als Erstes die Frage auf: Wie verhalte ich mich, wenn der Partner oder auch die Lehrer kein Ohr für ein solches Thema haben? Hier ist es wichtig, die Sichtweise des anderen zu respektieren, denn wir dürfen alle frei entscheiden, wie wir leben und welchen Lebensweg wir gehen wollen. So dürfen wir uns auch frei für den inneren Weg entscheiden.

Sehr wichtig für Indigo-Kinder ist jedoch eine Bezugsperson – ob Vater oder Mutter, ist nicht entscheidend –, die das Kind ernst nimmt und den Kontakt auf der Herzensebene aufbaut und bewahrt. Die räumliche Nähe, so wünschenswert sie wäre, ist dabei zweitrangig. Hier sind wir gefordert, über unseren Schatten zu springen.

Ich weiß, wovon ich schreibe, und ich weiß, dass es geht. Ich durfte es am eigenen Leib erfahren. Auch weiß ich, dass es oft sehr schwer ist und uns bis an unsere Grenzen fordern kann, aber eben nicht über unsere Grenzen hinaus.

Es wird uns nur so viel aufgebürdet, wie wir in der Lage sind zu tragen. Die geistige Welt passt da schon auf.

Und wenn wir es zulassen, können wir aus dieser geistigen Welt auch Kraft für uns und unseren Weg schöpfen.

Vergessen Sie nicht: Kinder haben sich ihre Eltern ausgesucht. Vater und Mutter – beide sind richtig, so wie sie sind! Wenn wir als Eltern oder Elternteil etwas verändern wollen, dann geht das nur, indem wir es an uns verändern, und nicht an anderen.

Der Anteil der Indigos an der Gesamtbevölkerung wird immer größer. Nach Schätzungen von Soziologen wurden 2005 rund vierzig Prozent der Menschen als Indigos geboren. 1990 waren es noch rund zehn Prozent und 1980 rund fünf Prozent. Vorher gab es nur eine ganz geringe Anzahl von Menschen, vielleicht ein Prozent, die als Indigos zur Welt kam. Aber es gab sie bereits, als eine Art Vorbote oder Wegbereiter für die künftigen Menschen. Der älteste mir persönlich bekannte Indigo-Mensch ist 1953 geboren, was aber nicht heißt, dass es nicht vorher schon welche gegeben hat. Manche behaupten, dass eine bedeutende Einzelpersönlichkeit wie Wolfgang Amadeus Mozart Indigo-Merkmale aufgewiesen habe.

Heute, im Jahre 2009, schätze ich den Anteil der Indigos an der Gesamtzahl der geborenen Menschen auf fast fünfzig Prozent, womit ein Gleichstand erreicht worden wäre. Was früher als auffällig oder nicht normal gegolten hat, ist heute so normal wie alles andere.

Wenn ich ein Indigo-Kind in meiner Umgebung habe, dann ist es wichtig, dieses Kind ganz normal zu behandeln. Behandeln Sie es nicht wie etwas Besonderes, nicht als etwas Besseres und schon gar nicht als etwas Schlechteres. Alle Kinder sind richtig, so wie Gott sie geschaffen hat, auch wenn sie auf Grund der Probleme, die sie mit unserem Bildungssystem haben, als dumm, faul oder nicht lernwillig eingestuft werden.

Manchmal weiß nur dieses Kind allein, welche Qualen es dann leidet. Die Folgen sind oftmals: Rückzug auf sich selbst, Rebellion, Krankheiten aller Art, auch psychische, und häufig eben leider Gewalttätigkeit.

Hier können wir deutlich sehen, wie wichtig es ist, dass wir uns dem Neuen öffnen.

Wir sind dabei – und nichts könnte schöner sein.

Das Burnout-Syndrom bei Lehrern, Eltern und Erwachsenen: Welchen Nutzen bringt es der Menschheit?

3

Als legasthenisch talentierter ADS-Mensch durfte ich das Gefühl kennen lernen, der Schlechteste in der Schule zu sein. Bei meinen »hervorragenden« schulischen Leistungen war mir der Weg auf eine Universität natürlich verbaut, und so konnte und brauchte ich selbst nicht Lehrer im klassischen Sinn zu werden – und bin es heute doch.

Eben ein »Wahrnehmungslehrer«.

Daher kann ich nicht aus eigener Erfahrung über das Burnout-Syndrom bei klassischen Lehrern schreiben und nur das wiedergeben, was mir betroffene Lehrer gesagt haben. Auf der anderen Seite durfte ich erfahren, dass ausgebrannte Lehrer und Eltern nicht weniger leiden als die Kinder. So ist es irgendwie doch wieder meine eigene Erfahrung, von der ich hier rede – wie bei vielen Lehrern, die erst durch ihre Krankheit anfangen, die Kinder *wirklich* zu verstehen.

Und genau so geht es vielen Eltern. Durch ihr Ausgebranntsein in Folge des Umgangs mit ihren

Kindern eröffnet sich auch für sie eine neue Ebene der Kommunikation.

Was bedeutet Burnout bei Lehrern? Er zeigt sich oft als Unfähigkeit, den erlernten Beruf weiter ausüben zu können. Viele Lehrer haben lange Jahre ihres Lebens mit Kindern gearbeitet, um ihnen nach bestem Wissen und Gewissen nützliche Dinge für das Leben hier auf der Erde beizubringen. Plötzlich sind sie ausgebrannt, fühlen sich leer und können nichts mehr vermitteln. Sie verzweifeln fast daran. Wenn sie altersmäßig in den Vorruhestand wechseln können, sind sie zumindest wirtschaftlich einigermaßen abgesichert. Wenn das nicht der Fall ist, kommt oftmals auch noch eine wirtschaftliche Not hinzu.

Wesentlich ist jedoch die innere Leere: »Wozu habe ich eigentlich studiert? Wieso kann ich nicht mehr unterrichten?«

Eine Lehrerin berichtete mir einmal (mit Tränen in den Augen): »Mein ganzes Leben habe ich nur Kindern helfen wollen, ins Leben zu finden, und musste eines Tages feststellen, dass ich sie überhaupt nicht richtig erreicht habe.«

Das Leid dieser Lehrer ist immens groß. Menschen, die nicht betroffen sind, urteilen da recht schnell: »Der hat einfach keine Lust mehr. Der will sich auf Kosten anderer ausruhen. Lehrer haben sowieso viel zu viel Ferien, und jetzt wollen sie gar nicht mehr arbeiten.« Lehrer mit diesem gedanklichen Hintergrund gibt es natürlich auch viele, viel zu viele. Was Nicht-Betroffene jedoch nicht wissen ist, dass die ausgebrannten Lehrer wirklich nicht mehr können, und wenn sie noch so gerne wollen. Es geht einfach nicht mehr. Da helfen kein Urlaub und keine Therapie. *Es geht nichts mehr.*

Bei den letzten Sätzen, die ich über Lehrer mit Burnout-Syndrom geschrieben habe, empfinde ich dasselbe, als würde ich über die Kinder schreiben, die so gerne wollen, aber nach den bisherigen Vorgaben einfach nicht können. Für mich als legasthenisch talentierten ADS-Menschen liegt hier auch der Nutzen für die Menschheit verborgen.

Ausgebrannte Lehrer und verhaltensauffällige Kinder haben etwas Wichtiges gemeinsam. Sie können in unserem bestehenden System nicht mehr funktionieren. Für einen sensiblen Menschen gibt es nichts Schlimmeres, als nicht mehr gebraucht zu werden. Aber wenn ein Lehrer, der am Burnout-Syndrom leidet, meint, nicht mehr gebraucht zu werden, so irrt er sich. Er wird ebenso gebraucht wie verhaltensauffällige Kinder und Legastheniker. Und gemeinsam lässt sich auch ein Weg finden, wie wir lernen und lehren können.

Wir alle sind gottgewollt, so wie wir sind. Das Schöne ist, dass wir selbst frei entscheiden dürfen, ob wir uns der Herausforderung stellen wollen oder nicht. Nichts davon ist vorzuziehen. Beides ist richtig, wenn wir zu unserer Entscheidung stehen.

Die Lehrerin, von der ich gerade schrieb, hat für sich einen Weg gefunden, mit legasthenischen und ADS-Kindern zu arbeiten – und sie erreicht sie wieder. Wenn sie jetzt über ihre Arbeit spricht, leuchten ihre Augen.

Die Frage »Wie geht es dir?« brauche ich ihr nicht mehr zu stellen, denn ihre Augen haben mir die Antwort schon lange gegeben.

Genauso sagen mir immer wieder Eltern, dass sie durch ihr Kind und mit Hilfe ihres Kindes begonnen haben, sich selbst besser zu verstehen.

Aber worin liegt die Herausforderung? Bevor wir uns damit im folgenden Kapitel eingehender beschäftigen, zunächst noch einige Aussagen von Betroffenen.

Betroffene Erwachsene berichten

Sascha, 20 Jahre

»Mit fünfzehn bekam ich Ritalin verabreicht, und jetzt mit zwanzig habe ich es abgesetzt. In mir sind so viele Ideen, die leben wollen. Wenn ich Gitarre spiele, fragt meine Schwester mich oft, wo ich die Noten her habe. Das kann ich ihr nicht beantworten, sie sind einfach da.

Am schlimmsten sind aber die Depressionen, die ich bekam, wenn ich Ritalin nehmen musste. Ich fühlte mich nur noch ausgebrannt und nutzlos.«

Holger, 28 Jahre

»Meine Eltern sind beide Lehrer. Jedes Mal, wenn ich ihnen sagen wollte, wie ich lernen will und kann, wussten sie es besser und verlangten von mir, dass ich es so mache, wie sie es wollten. Ihre Ratschläge waren gut gemeint, aber sie haben mich immer wieder bis zur Verzweiflung getrieben. Ich durfte einfach nicht so lernen, wie ich es konnte.

Meine Eltern waren und sind so voll mit ihren eigenen Problemen, dass sie bis heute nicht in der Lage sind, einem anderen Menschen wirklich zuzuhören.

Seit ich das verstanden habe, wird mein Leben leichter, die Lebensfreude kehrt langsam zurück, und das Ausgebranntsein verabschiedet sich mehr und mehr.«

Peter, 46 Jahre

»In der Schule klappte es nicht so, wie meine Eltern sich das vorgestellt und gewünscht hatten. Ich wurde durch alle denkbaren Klassen und Schulen gereicht, frei nach dem Motto: ›Da ist eh Hopfen und Malz verloren, jetzt dürft ihr mal euer Glück versuchen.‹

Die Grundschule durfte ich erfahren, ein Internat, das Gymnasium, die Aufbau-Realschule und als Krönung mit siebzehn die Sonderschule. Ich war verheizt, ausgebrannt worden vom System.

Die Sonderschule lag auch noch sechzig Kilometer von meinem Elternhaus und Wohnort entfernt, und ich musste dorthin fahren. Meine Eltern ertrugen es nicht, dass sie ein Kind hatten, das zur Sonderschule gehen musste, und so schickten sie mich kurzerhand sechzig Kilometer weit weg – die Nachbarn, Sie wissen schon, und die Kollegen.

Dabei vergaßen sie ganz, dass mir als Kind eine überdurchschnittlich hohe Intelligenz bescheinigt worden war. Der Rektor der Realschule erinnerte sich jedoch daran und holte mich aus der Sonderschule zurück auf seine Schule.

Danke, lieber Rektor Weber.«

Tobias, 34 Jahre

»Ich arbeite gerne und weiß auch, dass ich was kann. Wenn ich in einer Firma neu angefangen hatte, klappte alles gut, und ich ging gerne zur Arbeit. Irgendwann kam aber immer ein Vorgesetzter und wollte mich zu noch höheren Leistungen drängen.

Ab diesem Moment gelang mir dann nahezu nichts mehr. Ich wurde unsicher, und die Fehler häuften sich. Die ersten Wochen wurde ich für meine Leistungen und meine Einsatzbereitschaft gelobt, und plötzlich war ich in den Augen meiner Kollegen und Vorgesetzten nur noch eine Last.

Warum ließen sie den Druck nicht raus aus der Firma? Ich arbeite doch gerne und steigere meine Leistung von mir aus, sobald ich in den Arbeitsabläufen sicherer werde.

Es ist die gleiche Situation wie früher in der Schule. Solange die Lehrer, die Mitschüler und Eltern keinen Druck aufbauten, war ich ein normaler Schüler. Nicht die angebliche Unfähigkeit zu lernen hinderte mich am Lernen, sondern ausschließlich der Druck.

Heute weiß ich das und arbeite daran, mich keinem Druck mehr auszusetzen, der mich krank macht. Das ist allerdings nicht leicht, denn ich bin sehr arbeitswillig und suche natürlich eine Aufgabe. Da nahezu unsere gesamte Gesellschaft auf Druck basiert und nicht auf Leistungsbereitschaft durch Freiwilligkeit, fällt es mir noch schwer, eine entsprechende Arbeit zu finden.

Ich bin mir sicher, dass ich eine solche Arbeit finden werde.

Auch sehe ich, dass unsere gesamte Gesellschaft unter diesem künstlichen Druck stöhnt. Also stehe ich damit wenigstens nicht alleine.«

Jasmin, 23 Jahre (Pädagogikstudentin)
»Manchmal halte ich das im Hörsaal nicht mehr aus. Wir lernen, genau die Dinge mit Kindern zu tun, die mich in meiner eigenen Kindheit am meisten gequält haben.

Wir sollen die Kinder nach unseren Vorstellungen und gesellschaftlichen Vorgaben formen und dazu den eigenen Willen der Kinder und ihr Selbstbewusstsein brechen.

Das ist etwas, was mir als ADS-Frau in meiner Kindheit nicht möglich war und mir auch jetzt als Erwachsene nicht möglich ist. Ich glaube, ich bin eine Indigo.«

Anmerkung des Autors: Daraufhin sagte ich ihr, dass es sehr wichtig ist, dass gerade Menschen wie sie, die diese Selbstreflexion zulassen, unsere künftigen Lehrer werden und die Situation an den Schulen verändern.

Michael, 56 Jahre (Unternehmer)
»Lesen kann ich gut, mit der Rechtschreibung habe ich allerdings erhebliche Schwierigkeiten. Als

erfolgreicher Unternehmer kann ich meine schriftlichen Arbeiten delegieren, und somit weiß kaum einer in meinem Umfeld, dass ich eigentlich Analphabet bin. Mit dieser Situation habe ich mich irgendwie arrangiert; glücklich macht sie mich jedoch nicht. In kleinen Schritten gelingt es mir, mich der Realität zu stellen. Es ist kein angenehmes Leben, immer dafür sorgen zu müssen, wenn man etwas geschrieben hat, dass jemand das kontrolliert. Der zeigt einem dann jedes Mal wieder auf, wo man einen Fehler gemacht hat, wie in der Schule. Eines Tages werde ich zu dem, was ich geschrieben habe, auch stehen, egal ob ein Fehler drin ist oder nicht. Ich weiß, was ich kann!«

Eine Kinderärztin

»Ich war schon über fünfzig Jahre, als ich endlich begriff, dass an bestimmten Tagen, wenn die Kinder in meiner Praxis wieder besonders viel schrien, es gar nicht an den Kindern lag, sondern dass sich dann meine eigene Unzufriedenheit und innere Spannung auf die Kinder übertrug und sie zum Schreien brachte. Ich war erschrocken über mich selbst.

Seit ich das weiß, schreien die Kinder fast nicht mehr in meiner Praxis. Ich arbeite noch daran.«

Lehrer und Erzieher erleben
die Not der Betroffenen

Gernot, 48 Jahre

»Nach meinem Pädagogikstudium arbeitete ich einige Jahre als Gymnasiallehrer, bis ich eines Tages nicht mehr konnte. Ich war ausgebrannt und erkannte, dass ich das Gleiche mit den Kindern machte, was die Lehrer früher mit mir als Kind gemacht hatten – worunter ich sehr gelitten hatte.

Daraufhin habe ich meinen Dienst quittiert und bin auf die Suche nach mir selbst gegangen. Ein Jahr lang war ich auf Reisen, und anschließend wusste ich, dass ich andere Lehrmethoden erlernen musste, um diesen Teufelskreis zu durchbrechen.

Außerdem durfte ich lernen, dass jedes Kind einmalig ist. Heute arbeite ich als Montessori-Lehrer und bin alles andere als ausgebrannt.«

Ein Lehrer

Bei einem Vortrag in einem Kindergarten mit gut dreißig Teilnehmern sagte in der anschließenden Diskussion eine Mutter, dass in den Schulen aber eine völlig andere Situation herrsche als in dieser Runde. Mit leiser und ruhiger Stimme meldete sich ein Lehrer: »Ja, das haben wir jetzt verstanden, deshalb sind wir doch auch hier.«

Dieser Satz war so ehrlich und erfüllte den ganzen Raum. Da gab es kein bisschen Platz mehr für gegenseitige Schuldzuweisungen.

Bei dieser Veranstaltung waren zwölf Erzieherinnen, sechs Lehrer und Lehrerinnen, betroffene Erwachsene und betroffene Kinder mit ihren Eltern zusammen in einem Raum und fanden Verständnis untereinander und füreinander.

Ein Schulleiter

»Immer wieder werden mir von den Kollegen auffällige Kinder geschickt, die im Unterricht gestört haben. Wenn die Kinder zu mir kommen, sind sie so durch den Wind, dass ich nichts von dem, was sie sagen, verstehen kann.

Irgendwann habe ich dann gelernt, dass ich nur Zuhören muss, auch wenn ich es noch nicht verstehen kann. Durch mein bloßes Zuhören bleiben meine eigenen Gedanken im Hintergrund, und die Kinder werden ganz von alleine ruhig und beginnen zu erzählen. Jetzt kann ich sie verstehen.«

Eine Erzieherin in einem Kindergarten

»Gut, dass ich heute Abend dabei sein durfte. Ich habe die Not der Betroffenen gar nicht richtig gesehen. Der junge Mann in der ersten Reihe war als Kind hier in diesem Kindergarten bei mir. Ich kannte ihn als einen glücklichen und lieben Jungen. Heute habe ich die Angst in ihm spüren können und auch Alkohol gerochen. Gut, dass er eine verständige Partnerin hat und den Mut besaß, heute Abend hierher zu kommen und sich zu öffnen.«

Welchen Auftrag haben Indigo-Menschen?

4

Kein Mensch ist gleich, jeder ist anders, und Indigo-Menschen bringen ein Wissen mit auf diese Erde, das einen Beitrag zur Weiterentwicklung der Menschheit leisten soll. Der Auftrag, den sie haben, liegt in ihnen verborgen, aber er kommt ans Licht, sobald wir diese Menschen annehmen und unterstützen, so wie sie sind.

Das ist in wenigen Worten die Herausforderung, der wir uns als Gesellschaft stellen dürfen, allerdings nicht müssen. Wie der Auftrag dieser Menschen aussieht, weiß keiner im Voraus, und das macht es so richtig spannend. Deshalb ist es auch wichtig, behutsam vorzugehen, damit wir diese Menschen nicht überfordern und verunsichern.

Zur Erläuterung möchte ich eine Predigt von Pater Jeremias aus Tabgha am See Genezareth wiedergeben, die er am 12. Juni 2005 hielt. Sie trifft die Situation genau. In Tabgha habe ich zu einem großen Teil die erste Fassung des vorliegenden Buches geschrieben. Ich war eingeladen, vier Wochen im dortigen Benediktinerkloster als Urlaubsvertretung für den Gärtner zu wohnen und zu arbeiten. Die Kombination aus Gebet, Gartenarbeit und Schreiben erwies sich als sehr fruchtbar. Am dritten Sonntag meines Aufenthaltes feierten wir den Gottesdienst, wie sonntags üblich, direkt am Wasser.

In seiner Predigt erzählte Pater Jeremias, dass ihm einmal ein Eukalyptusbaum aufgefallen war, der vor der Terrasse des Speisesaals stand und in dessen morschem Innern sich ein Specht seine Behausung gebaut hatte. Der Baum war vom Speisesaal aus gut zu sehen, und die Elternvögel flogen ständig ein und aus. Eines Tages steckte ein junger Vogel seinen Kopf aus dem Loch im Stamm und betrachtete erstmals die Erde, auf der er jetzt leben durfte.

Was dann geschah, ist so typisch für uns Menschen und zugleich so schmerzlich.

Pater Jeremias war begeistert von diesem Bild, das sich ihm bot, und holte rasch seinen Fotoapparat. Er trat behutsam näher an den Baum heran und machte aus sicherer Entfernung ein Foto von dem jungen Specht. Jetzt sagte er sich: »Wenn ich noch näher herangehe, bekomme ich ein noch besseres, schöneres und schärferes Bild«, und so ging er ganz vorsichtig weiter auf den jungen Vogel zu. Der Vogel bemerkte, dass er über seinen Willen hinaus vereinnahmt werden sollte, und zog sich zurück.

All die sehnsüchtigen Blicke von Pater Jeremias in den nächsten Tagen vom Tisch des Speisesaals aus zu dem Baum, die seinen Wunsch zum Ausdruck brachten, den jungen Vogel noch einmal sehen zu dürfen, blieben unerfüllt.

Hier wird deutlich, wie behutsam wir mit Kindern und Menschen umgehen müssen, um sie nicht zu verunsichern. Wir neigen leider allzu sehr dazu, Tiere, andere Menschen und sogar unsere eigenen Kinder zu vereinnahmen und für unsere eigenen Bedürfnisse einzuspannen.

Noch etwas trägt zur großen Verletzbarkeit von Indigo-Menschen bei: Als Kinder können sie bis zum neunten Lebensjahr nur non-verbal denken, und das bedeutet, *sie können ihre Gedanken noch nicht in Worte fassen und uns verständlich mitteilen.*

Um das besser zu verstehen, möchte ich Sie zu einem Experiment einladen. Wenn Sie wollen, machen Sie doch einmal folgende Übung: Schließen Sie die Augen und malen Sie sich vor Ihrem geistigen Auge aus, wie Sie heute nach Hause gekommen sind, wo Sie vielleicht eine Kurve nehmen mussten, wie Sie eine Tür geöffnet haben und so weiter. Wenn Sie jetzt zu Hause angekommen sind, öffnen Sie kurz die Augen und schließen Sie sie dann wieder. Schildern Sie jetzt in Gedanken einem Freund denselben Heimweg, jede Kurve, jede Tür, eben all das, was Sie sich bei der vorigen Übung vorgestellt haben. Die erste Übung bedient sich des non-verbalen Denkens, die zweite des verbalen Denkens.

Wenn Sie sich den Unterschied verdeutlichen, können Sie diese Kinder leichter verstehen.

Wir alle haben schon einmal ein Kind alleine im Sandkasten spielen sehen. Es spielt mal hier, mal da, und als Erwachsene freuen wir uns, dass es so schön spielt und wir unsere Ruhe haben. Manchmal fragen wir uns aber auch: »Mit wem spielt mein Kind da eigentlich?« Es ist ja allein, so meinen wir.

Es ist aber nicht allein, und das weiß das Kind sehr genau. Es spielt mit Engeln und anderen geistigen Wesen, die für das Kind vorhanden sind, für uns jedoch nicht sichtbar. Da es noch nicht verbal denken kann, kann es uns aber auch nichts darüber sagen. Wenn das Kind dann beginnt, verbal zu denken, beginnt es auf einmal, uns Dinge zu erzählen, die wir nicht verstehen können.

Das haben Indigo-Erwachsene auch alles erlebt und sehr oft verdrängt. Sie haben es aus ihrem Bewusstsein ins Unterbewusste befördert, von wo es jedoch immer wieder versucht auszubrechen.

Nehmen wir nur einmal die junge Mutter und Lehrerin, die mir auf einem Treffen von ihrer achtjährigen Tochter berichtete, die eines Tages freudestrahlend zur Mutter gerannt kam. »Mama«, sagte sie. »Ich bin schon einmal in einem Hühnerstall gestorben.«

Ein anderes Beispiel habe ich selbst erlebt. Mit meinem Sohn war ich in Frankreich am Atlantik im Urlaub. Eines Abends beschlossen wir, um zehn Uhr eine Nachtwanderung zu machen. Wir wollten vom Campingplatz in die Stadt La Rochelle laufen und wieder zurück. Als wir merkten, dass der Weg doch wohl zu weit war, wollten wir einen anderen Weg zurückgehen. Es lag eine Bahnlinie dazwischen, und wir hatten uns vollkommen verlaufen. An einer Weggabelung hatten wir den linken Weg gewählt, und nach dreißig Metern sagte mein Sohn: »Da will ich nicht mehr weiter, da waren *die* wieder!« Deutlich konnte ich seine Angst spüren – aber auch, dass da wirklich etwas war.

Mein Sohn erklärte mir, dass er eine Gestalt gesehen habe, die quer vor ihm über den Weg gezogen sei. Wir sind dann nicht dort weitergegangen, sondern haben den anderen Weg gewählt. Als wir auf dem dahinschritten, sah ich einen weißen Schweif über dem Boden. Das war dann auch der richtige Weg. Welch willkommener Hinweis! – Zwei Nächte später wollte mein Sohn wieder mit mir eine Wanderung machen. Die Angst vor diesen Wesen war wie weggeblasen. Er weiß jetzt, dass er ihre Hilfe nutzen kann.

Wie oft tun wir solche Erlebnisse und Aussagen von Kindern einfach mit den Worten ab: »Du bist ja noch klein und weißt nicht, wovon du redest.« So beginnen die ersten Demütigungen des Kindes, und es verliert mehr und mehr das Vertrauen zu sich selbst und seinen Fähigkeiten. Es wird nicht für voll genommen und spürt das sehr deutlich. All das haben Indigo-Erwachsene in ihrer eigenen Kindheit erlebt und dadurch oft das Vertrauen zu sich selber verloren. Dass unsere Eltern uns nicht verstehen konnten, wussten wir als Indigo-Kinder damals ja noch nicht.

Nur, wie verhalten wir uns als Erwachsene jetzt, wenn wir Dinge, die unsere Kinder sagen und tun, nicht verstehen können? Wichtig ist, dass wir sie so, wie sie sind, respektieren, von klein an, und dass wir ihnen zuhören, was sie uns zu sagen haben. Niemand verlangt von uns (außer vielleicht wir selbst), dass wir alles verstehen müssen.

So dürfen wir auch Aussagen unserer Kinder *nicht* verstehen und brauchen sie auch nicht zu kommentieren. Was für eine Erleichterung für uns und unsere Kinder!

Indigo-Kinder befassen sich oft mit mehreren Dingen gleichzeitig, sie spielen fünf Minuten hier und laufen dann woanders hin und spielen mit etwas anderem weiter. Sie probieren alles aus, und das ist sehr wichtig für sie. Dieses Ausprobieren zieht sich bis ins Erwachsenenalter hinein, solange, bis sie herausgefunden haben, was ihr Auftrag ist. Deshalb ist es ratsam, wenn Ihr Kind ein Instrument spielen will, besser eins zu leihen als zu kaufen. Sie müssen jederzeit damit rechnen, dass

Ihr Kind die Lust daran verliert und ein anderes Instrument spielen will. Unterstützen Sie es dabei, und werfen Sie ihm nicht vor, es sei nicht beständig. Dieses Kind entdeckt seine Welt, indem es alles ausprobiert. Was es ausprobiert hat, hat es auch erfahren und verinnerlicht – und das ist dann auch gelernt. Es weiß jetzt, was es ist, und kann so leichter herausfinden, ob dies seinem Auftrag entspricht oder nicht.

Je mehr sie Ihr Kind bei diesem Ausprobieren fördern und ermutigen, desto früher findet es seinen Auftrag und somit seinen Lebensweg. Dadurch ersparen Sie ihm später oftmals einen Lehr- oder Studienabbruch.

Fragen Sie Ihr Kind möglichst nicht nach seinem Auftrag. In den Jahren, in denen es alles ausprobiert, weiß es selber noch nicht, was sein Auftrag sein wird. Den erkennt es meistens erst als Erwachsener – es kann aber auch wesentlich früher geschehen. Machen Sie Ihrem Kind Mut, alles auszuprobieren, auch wenn Sie selbst anders aufgewachsen sind und auf andere Weise gelernt haben.

Sobald Indigo-Menschen ihren Auftrag erkannt haben, ist es wichtig, dass sie in seiner Umsetzung gefördert und unterstützt werden – und vor allem, dass ihnen Mut gemacht wird. Auch und gerade wenn die Entscheidung nicht den Vorstellungen der Eltern und der Gesellschaft entspricht.

Es geht hier wahrhaftig um das Wohl der Menschheit.

Nichts ist schlimmer für einen Menschen, als einen Beruf ausüben zu müssen, für den er nicht berufen ist. Es ist eine Art Vergewaltigung und hat nichts mehr mit Freiheit zu tun. Gottes Wille ist es aber, dass wir Menschen in Freiheit leben. »Dein Wille geschehe, wie im Himmel so auf Erden.« Dieser Teil des Vaterunser ist mir persönlich eine große Hilfe bei der Freigabe meines Sohnes.

Immer wieder fragen mich Indigo-Erwachsene, wie sie denn ihren Auftrag erkennen können. Viele leiden große Qualen, weil sie tief in sich eine große Tatkraft spüren und sie noch nicht ausleben können. Mir persönlich war der regelmäßige und einmal sogar acht Monate dauernde Rückzug in die Stille eines Klosters eine große Hilfe.

Die meisten Klostertüren stehen heute für Menschen jeder Glaubensrichtung offen. Aber auch das Kloster ist nur eine von vielen Möglichkeiten. Entscheidend ist die Stille. Der Verstand muss still werden, ehe ich die Stimme meiner Berufung hören kann. Ein Waldarbeiter, der tagein, tagaus mit der lauten Säge arbeitet, kann mit seinem Verstand in die Stille gehen. Die Verbundenheit mit der Natur kann ihm dabei eine große Hilfe sein.

Aber Vorsicht! Bei meinen Klosteraufenthalten habe ich auch immer wieder Menschen erlebt, die sich durch Bücher und unendlich viele Gespräche mit anderen Gästen von der Stille abgeschnitten haben. Das Kloster ist somit auch kein Garant für eine tiefe Erfahrung, jedoch erleichtert es, die Stille in einem zuzulassen.

Stille ist für viele Menschen in der heutigen Zeit sehr schwer auszuhalten. Warum ist das so schwer? Wenn unser Verstand still wird und aufhört zu planen und zu analysieren, kommen Erinnerungen aus unserer Kindheit hoch. Das verletzte innere Kind zeigt sich und will geliebt werden. Es will die Anerkennung und bedingungslose Liebe, die es als Kind oft nicht bekommen hat. Der Weg zu meinem Wesen und somit meiner Berufung geht jedoch nur mit dem inneren Kind. Bei vielen Indigo-Erwachsenen ist das innere Kind verletzt, und das führt zu Angst.

Viele Klöster bieten auch Schweigekurse an, bei denen man auf dem Weg in die Stille begleitet wird. Spüren Sie in sich hinein, welcher Weg für Sie der geeignete ist, und dann gehen Sie ihn. Mehr dazu in einem späteren Kapitel.

Das Geschenk des Indigo-Menschen in meiner Umgebung

5

Gottes Wille ist es, dass wir Menschen auf der Erde in Freiheit leben. So ist es uns auch freigestellt, einen Indigo-Menschen als Belastung oder als Geschenk anzunehmen. Sehen wir ihn als Belastung, so wird er für alle Beteiligten eine Belastung sein. Eltern, Lehrer, Angehörige und vor allem die Indigos selber leiden dann sehr darunter.

Betrachten wir es aber als Geschenk, einen solchen Menschen in unserer Umgebung zu haben, so wird es eine Bereicherung für die Familie sein – und für die gesamte Gesellschaft.

Als Kinder sind Indigos oft lebhaft, sogar *sehr* lebhaft. Nehmen Sie diesen Begriff einmal auseinander. Es stecken Leben und Wahrhaftigkeit drin. *Diese Kinder leben wahrhaftig!*

Viele Menschen stört die Lebhaftigkeit von Kindern jedoch, weil sie dann zum Beispiel ihr Fernsehprogramm nicht verfolgen können. Sie merken nicht mehr, dass sie durch das Fernsehen nicht mehr selbst leben, sondern gelebt werden. Das *lebhafte* Kind weiß, dass es selbst lebt und der vor dem Fernseher gelebt wird. Damit ist natürlich nicht derjenige gemeint, der sich gezielt eine bestimmte Sendung ansieht, sondern derjenige, der von Sendung zu Sendung springt. Wenn das Kind jetzt lebhaft ist, also *lebt,* stört das den Menschen, der es nicht schafft, selber zu leben, der den Fernseher wie eine Droge missbraucht.

Es treffen zwei Gegensätze aufeinander, was natürlich zu Spannungen führt. Aber diese Spannungen sind gut. Wir können alle davon lernen und daran wachsen!

Wenn wir Erwachsene durch das Stören des Kindes in ein Spannungsfeld geraten, so können wir jetzt überlegen, ob das, was wir gerade tun, gut für uns ist oder nicht. Vielleicht sehen wir ja schon die dritte Sendung in Folge, was bestimmt nicht gut für uns ist. Wir können dem Kind aber auch erklären: »Diese Sendung ist jetzt wichtig für mich, lass sie mich bitte sehen. Danach schalte ich den Fernseher aus und habe Zeit für dich.« Entscheidend ist dann allerdings, dass wir auch von uns aus Wort halten, also ehrlich sind und nicht automatisch in die nächste Sendung hinüberrutschen. (Die Abfolge der Sendungen im Fernsehen wird von Psychologen leider bewusst so getimt, dass genau das nur allzu leicht geschieht. Die Einschaltquoten, die Werbeeinnahmen, letztlich das Geld, oder besser die Gier nach dem Geld, haben hier das Sagen, und es steht wieder einmal nicht das Wohl der Menschen, unseres eigenen Volkes, im Mittelpunkt. Es ergibt jedoch keinen Sinn, den Verantwortlichen deshalb Vorwürfe zu machen, denn wir alle, jeder von uns, darf frei entscheiden, ob er den Ausschalter benutzt oder nicht.)

In der Bibel heißt es: »Was suchst du den Splitter im Auge deines Nächsten, siehst du den Balken in deinem eigenen Auge nicht?« So betrachtet kann die Lebhaftigkeit eines Kindes sehr heilsam für uns Erwachsene sein. Das Fernsehen ist diesbezüglich nur eines von vielen Beispielen. Wir können das auf jegliches Tun beziehen, und wir dürfen dadurch mit unseren Kindern wachsen und zu einem wahrhaftigen Leben kommen.

Wie wir uns in solchen Situationen verhalten, ist uns natürlich freigestellt. Geben wir der Bequemlichkeit nach, dürfen wir uns nicht beklagen, wenn uns die Konsequenzen nicht gefallen. Konsequenz bedeutet, dass allem, was passiert, etwas anderes vorausgegangen ist. Ein Verkehrsunfall ist nicht die Ursache einer Situation, sondern das Ergebnis einer vorausgegangenen Situation. Unachtsamkeit kann eine Möglichkeit gewesen sein, der wiederum Müdigkeit, Stress oder Ärger vorausgegangen sein kann.

Kinder wollen zu ihren Eltern stolz aufschauen. Aber können sie das, wenn ihre Eltern »sich leben lassen« oder ihr Wort nicht halten? »Sich leben lassen« beginnt schon damit, dass man die Meinung eines anderen übernimmt, ohne eingehend überprüft zu haben, ob sie für einen stimmig ist. Vielleicht ist sie ja überhaupt nicht stimmig?

Indigos merken dies sofort. Wenn ein Lehrer einen Lerninhalt vermittelt, der nicht aus seiner tiefsten Überzeugung kommt, kann das Kind nicht mehr folgen und sagt zu Hause Worte wie: »Der Lehrer lügt immer.«

Ob die Worte des Lehrers aus einem Buch vorgelesen wurden oder nicht, ist nicht entscheidend. Für das Kind ist es Lüge, wenn die innere Einstellung des Lehrers nicht mit seinem gesprochenen Wort übereinstimmt. Daran merken wir, wie wichtig es ist, all unser Tun selbst zu überprüfen: Ist es für mich stimmig oder nicht? In der Bibel heißt es, »es gibt keinen falschen Propheten«, auf den wir uns später berufen und über den wir dann sagen können: Der hat Schuld!

Ein Kind ist das größte Geschenk, das wir auf Erden erhalten können, und wir dürfen von unseren Kindern lernen. Die Betrachtungsweise vieler Erwachsener, »wir brauchen Kinder, damit unsere Rente sicher ist«, geht nicht nur am Thema vorbei, sondern sie entwürdigt unsere Kinder auch. Wir brauchen unsere Kinder, sonst können wir als Menschheit nicht überleben, das ist richtig. Wir brauchen sie aber vor allem, um zu wachsen und uns als Menschheit zu entwickeln. *Denn alles neue Wissen kommt durch Kinder auf diese Erde.*

Wenn wir diese Achtung unseren Kindern entgegenbringen, dann können unsere Kinder auch stolz zu uns Eltern aufschauen. Ihre Augen verraten uns, wie glücklich sie dann sind.

Aus Kindern werden Leute, heißt es, und aus Indigo-Kindern werden Indigo-Erwachsene.

Wenn Sie in sich hineinspüren, werden Sie merken, dass Ihr inneres Kind all diese Prägungen noch immer aufweist. Der Zugang zu Ihrem eigenen Wesen und Ihrer Berufung ist nur über das innere Kind möglich, und auch deshalb ist hier so viel von Kindern die Rede.

Wenn Sie ein Indigo-Erwachsener sind, lassen Sie zu, dass Ihr inneres Kind sich beim Lesen berührt fühlt, und nehmen Sie es liebevoll in den Arm. Nur Sie, der Erwachsene, können Ihrem inneren Kind Liebe und Trost schenken.

Das kann weder eine Partnerin oder ein Partner noch irgendein anderer Mensch für sie bewerkstelligen. Solange wir diesen Trost ersatzweise im Außen suchen, zerbrechen Beziehungen, weil unser inneres Kind auf die Weise nicht das erfahren kann, was es so dringend braucht: *Selbstliebe.*

Lebe ich mit einem Indigo-Menschen zusammen, der Kindheitsverletzungen hat, und kenne ich diese Zusammenhänge nicht, weiß ich auch nicht, warum er oft anders reagiert, als ich es mir wünsche.

Weiß ich jedoch um diese Zusammenhänge, kann ich – ob ich ein Indigo bin oder nicht – besser damit umgehen und den anderen begleiten. Indigos ziehen sehr oft Menschen an, die sich nicht als Indigos verstehen. Sie machen sie durch ihre Art und Weise neugierig. Dadurch wiederholen sich oft die Beziehungsmuster.

Und noch etwas ist beim Umgang mit Indigo-Menschen von entscheidender Bedeutung. Immer wieder höre ich, dass Indigos etwas Besonderes sein sollen. Das ist ohne Frage richtig, denn wir haben auf der Erde eine Aufgabe zu erfüllen, etwas zu bewegen. Das bestehende System ist nicht mehr zu halten. Die Friedlosigkeit unter den Menschen im Kleinen wie im Großen darf ein Ende haben. Die Gier einiger Weniger nach Macht, Reichtum und Prestige kann nicht weiter bestehen bleiben. Das zu ändern ist die Aufgabe der Indigos, und jeder Einzelne braucht nur ein kleines Bisschen dazu beizutragen. Und das tun wir!

Wenn ich davon spreche, bekomme ich manchmal zu hören: »Diese Typen halten sich für etwas Besonderes, dabei sind sie doch nur esoterische Spinner.« Dadurch werden viele Indigos in ihrer sensiblen Seele erneut verletzt. Deshalb schweigen sie lieber über sich.

Doch wir brauchen uns nicht verletzt zu fühlen. Wir sind nicht mehr und nicht weniger wert als andere, aber vielleicht ein wenig bewusster in unseren

Zielen. Wir sind etwas näher dran, unsere Berufung gefunden zu haben. Wir beschreiten unwillkürlich einen Weg.

In dem Buch *Indigo-Erwachsene* von Kabir Jaffe und Ritama Davidson gibt es dafür ein schönes Beispiel. Soldaten stürmen einen Bunker. Die Maschinengewehre in den Bunkern sind auf Dauerfeuer gestellt und auf die Entgegenkommenden gerichtet, doch diese stürmen immer weiter. Sie können nicht anders! Sie werden getrieben! Es ist nichts Besonderes daran, Kanonenfutter zu sein. Darauf braucht niemand neidisch zu sein.

Seit ich meiner Berufung folge, bin auch ich Kanonenfutter. Ich stürme mit meiner Sichtweise, Legasthenie und ADS/ADHS als Talent zu betrachten, permanent die herkömmliche Betrachtungsweise der Behinderung. Von »Fachleuten« wird meine Arbeit regelrecht boykottiert. Meine Erfolge werden geleugnet, und selbst einige Legasthenie- und ADS/ADHS-Verbände, die sich in die Opferrolle begeben haben, bezeichnen mich als Märchenonkel und Scharlatan.

In einem Zeitungsartikel hat kürzlich ein Verband sogar ausdrücklich vor mir gewarnt und mich als gefährlichen Geschäftemacher abgestempelt. Die ersten Arbeitsjahre in meiner Berufung hätte ich als Gärtner mehr Geld zum Leben und weniger Stress gehabt und hätte auch diese Demütigungen nicht zu ertragen brauchen.

Warum mache ich diese Arbeit dennoch? Ganz einfach! Es ist meine Berufung und mein Auftrag. Zurzeit kann ich nichts anderes tun. Es geht nicht.

Ich bin in dieser Rolle aber kein Opfer, denn ich mache meine Arbeit freiwillig. Durch meine Vorträge und Seminare erreiche ich die betroffenen und interessierten Menschen. Es entsteht eine Verbindung auf Herzensebene, und der Austausch und die Arbeit geschehen mit Leichtigkeit. Ein Freund sagte einmal zu mir: »Die Arbeit in der Berufung ist leicht, der Weg dorthin jedoch schwer.« Das kann ich unterstreichen. Die vielen positiven Rückmeldungen von Teilnehmern bestärken mich aber darin, meine Arbeit fortzuführen.

So weit mein kleiner Exkurs. Er soll dazu dienen, auch Sie zu ermutigen, sich nicht von Ihrer Berufung abbringen zu lassen, worin immer sie bestehen mag. Unterstützen Sie andere Menschen auf dem Weg in ihre Berufung. Je mehr Menschen von Indigos erfahren, um so leichter wird der Umgang miteinander. Im Folgenden hierzu einige Aussagen.

Partnerschaft mit Indigos,
die als auffällig eingestuft wurden

Ehepaar um die 35 Jahre

Nach einem Vortrag kam ein Ehepaar zu mir, und der Mann sagte: »Ich habe vier Jahre gebraucht, bis ich mich endlich getraut habe, meiner Frau zu sagen, dass ich Legastheniker bin.« Sie lächelten sich an, und ich fragte: »Und? Ist sie dann weggelaufen?« Er antwortete lachend: »Nein, aber ich glaube, wenn ich noch lange geschwiegen hätte, wäre sie gegangen.«

Jetzt will er Englisch lernen, und sie suchen gemeinsam einen Zugang für ihn zu dieser Sprache und Schrift.

Bei so viel Optimismus und wiedergewonnener Lebensfreude wird ihnen das auch gelingen.

Eine Frau, geschieden

»Ich habe meinen Mann sehr geliebt. Er gleicht mir so sehr. Beide haben wir uns nicht getraut, über unsere innersten Gefühle zu reden. Wir sprachen über alle möglichen Äußerlichkeiten, aber nicht über unser innerstes Seelenleben. Der eine wartete auf den anderen und der andere auf den einen. Wir warteten aufeinander, lebten aber nicht miteinander.

Heute weiß ich, dass uns beide die gleiche Thematik verbindet: das ›Anderssein‹ als andere. Wir sind doch alle anders.

Mit meinem Dickkopf habe ich es vorgezogen, lieber die Ehe zu beenden, als mich mit mir und meinem Mann auseinanderzusetzen. Heute tut mir das sehr Leid, aber ich konnte einfach nicht anders.«

Eine Ehefrau

»Mein Mann ist Legastheniker, und ich glaube auch ADSler. Das Leben mit ihm ist oft nicht leicht. Manchmal reagiert er so völlig anders, als ich es tun würde. Früher hat mich das immer wieder zur Verzweiflung gebracht. Seit mein Mann darüber spricht, fange ich an, ihn besser zu verstehen, und das wirkt entspannend auf uns beide. Je besser ich ihn jetzt verstehe, um so mehr Verborgenes entdecke ich auch an mir. Anfangs hat mir das richtig Angst gemacht, aber mittlerweile bin ich so neugierig auf mich selbst und natürlich auch auf meinen Mann geworden, dass die Angst da keinen Platz mehr hat.

Seit wir so damit umgehen, ist wieder Raum für das Wichtigste im Leben da – die Liebe.«

Wie können Indigos lernen?

6

Dieses Kapitel liegt mir ganz besonders am Herzen, denn ich betrachte es als Schlüssel sowohl für Indigo-Kinder als auch für Indigo-Erwachsene. Beim Lesen möchte ich Sie wieder einladen, auf Ihr inneres Kind zu achten.

Kommt eine Erinnerung hoch, so lassen Sie es zu und umarmen Sie Ihr inneres Kind. Vielleicht wird es Sie zu Tränen rühren.

Anfangen möchte ich mit einer Begebenheit aus meinem eigenen Leben. Ich konnte meinen Hauptschulabschluss nur durch die Gnade eines Rektors erlangen. Das war für mich bedrückend und oft unerträglich, weil ich wusste, dass ich nicht dumm war, und von Psychologen bestätigt bekommen hatte, dass ich einen überdurchschnittlichen IQ besitze. Aber meine Klassenarbeiten und Zeugnisse drückten genau das Gegenteil aus.

Nach der Schule fing ich eine Lehre als Autoschlosser an und durfte in der Berufsschule Normschrift lernen, Druckbuchstaben. Ich war achtzehn, und es bereitete mir sehr viel Freude. Das Gefühl, das ich damals empfand, war befreiend. Seit der

Zeit habe ich kein Bild mehr von zusammenhängender Schrift. Meine Rechtschreibprobleme sind verschwunden.

Von da an wuchs meine Wissbegierde immer stärker. Ich konnte mich aber nie damit zufriedengeben, nur herauszufinden, was ist, sondern wollte immer auch das Warum, also den Grund und die Ursache, erfahren. Damit bin ich natürlich sehr oft angeeckt und habe lange nicht verstanden, warum dies geschah. Heute weiß ich es und gebe offen zu, dass ich von anderen Menschen etwas erfahren wollte, das sie selbst nicht wussten. Ich weiß jetzt auch, dass ich den Lehrern und meinen Eltern etwas abverlangt habe, was sie nicht geben konnten. Ebenso weiß ich, dass alles, was ich in der Schule von meinem sechsten bis zu meinem achtzehnten Geburtstag getan habe, nichts gebracht hat. Es ist nicht vorhanden.

Man könnte jetzt meinen, dass diese Zeit sinnlos gewesen sei, aber genau das Gegenteil ist der Fall. In diesen Jahren durfte ich von meinen Eltern so viele praktische Dinge für mein Leben lernen, die ich mit Geld nicht aufwiegen kann. Diese praktischen Dinge ermöglichen mir mein heutiges Leben und machen mir allesamt Freude. Diese Dinge durfte ich bei meinen Eltern nicht nur theoretisch lernen, sondern auch praktisch erfahren. Das größte Geschenk aus dieser Zeit ist allerdings die Erfahrung, dass auswendig gelernte Dinge keinen Nutzen bringen und sich bei mir nicht gehalten haben.

Wie können Indigos aber nun lernen, und was kann ich als Elternteil oder Lehrer tun, damit das Lernen gelingt? Hier ist es wichtig, dass wir uns von allem Alten und Bekannten lösen.

Indigos nehmen anders wahr. Sie verarbeiten Informationen auf neue Weise!

Indigos lernen nicht durch Auswendiglernen, sondern durch Erfahren, Erschaffen und Erkennen. Was sie auf diese Weise gelernt haben, geht auch nicht mehr verloren. Es ist für immer und ewig in ihrem Gedächtnis verankert.

Da kein Mensch dem anderen gleicht, dauert es bei Indigos unterschiedlich lange, um für sich etwas zu erkennen. Ein Lerninhalt, der dem Auftrag eines Kindes, den es ja noch nicht kennt, nahe kommt, wird erheblich schneller verarbeitet und gelernt als ein auftragsferner Inhalt. Hier wird auch klar, wie wichtig es ist, dass wir Menschen nicht beurteilen.

Eine *Beurteilung* gleicht einer *Verurteilung*.

Wir neigen alle dazu, sehr schnell über andere zu urteilen. Das liegt daran, dass wir selbst mit ständiger Beurteilung aufgewachsen sind. Diese Hose ist schön, jene ist nicht schön. Seine Schrift ist schön, deine ist nicht so schön.

Wenn wir uns nun verdeutlichen, dass der Begriff »schön« nur in der Vorstellung des Betrachters existiert und jeder etwas anderes damit verbindet, erkennen wir, dass ein Kind nicht verstehen kann, warum wir seine Schrift nicht als schön ansehen. Wenn wir jetzt einem Kind auch noch erklären, die Buchstaben müssten auf eine bestimmte Weise aussehen, weil es im Duden so steht, kann es uns nicht mehr folgen.

Das Indigo-Kind will alles genau wissen, es will wissen: »Warum sieht das im Duden so aus?« Hier können wir ihm eine ganz einfache Lösung anbieten, indem wir ihm sagen, dass alle Buchstaben und auch alle Worte von Menschen willkürlich festgelegt sind, ohne jeden Grund. Wir Menschen haben uns auf bestimmte Symbole und Zeichen geeinigt, die uns die Verständigung ermöglichen. Wenn wir diese Symbole und diese Zeichen nicht genauso benutzen, werden wir von anderen Menschen nicht verstanden. Nicht verstanden zu werden ist nicht so schlimm. Die anderen werden dann eben schulterzuckend weitergehen und sich sagen: »Das ist ja ein lieber Mensch, aber ich kann nicht verstehen, was er will, schade.«

Bedenklich, wenn nicht sogar gefährlich wird es, wenn wir *falsch* verstanden werden. Da haben wir dann das klassische Missverständnis, das sehr oft zu Auseinandersetzungen, Streitereien, Ehescheidungen und sogar zu Kriegen führt.

Es ist also unerlässlich, dass wir uns auf klare und unmissverständliche Angaben stützen, um unseren

Kindern den Weg in eine friedvolle Welt zu ebnen. Genauso unerlässlich ist es, dass wir das, was wir unseren Kindern vermitteln wollen, auch selber verstanden und verinnerlicht haben. Bleiben wir beim Beispiel Duden.

Wenn wir uns auf ihn beziehen, will ein Indigo-Kind wissen, wo der Duden herkommt, und wenn es dann hört, dass der Mensch früher in Höhlen gewohnt hat und das einzige Werkzeug, das er hatte, ein Steinbeil war, dann versteht es gar nichts mehr. Wo war denn damals der Duden, wo waren damals die Buchstaben, wo waren die Worte? Die erste gravierende Lücke im Verständnis der Kinder ist entstanden.

Auf diesem Fundament wird dann meistens aufgebaut und von den Kindern verlangt, den Worten der Lehrkräfte zu folgen.

Das können sie aber nicht mehr ohne Rebellion, denn sie wissen: Der Lehrer hat mir etwas beigebracht, was nicht richtig ist. Und da Indigos ein unendliches Bedürfnis nach Wahrhaftigkeit haben, beginnen sie darunter zu leiden.

In einem früheren Kapitel habe ich den Unterschied zwischen verbalem und non-verbalem Denken beschrieben. Sie erinnern sich: Erst mit neun Jahren können Kinder verbal denken, und deshalb können sie uns ihre gedanklichen Bilder nicht so mitteilen, dass wir in der Lage wären, sie zu verstehen. Oft teilen sie sich uns dann auf eine Weise mit, die wir überhaupt nicht mögen – das haben auch viele erwachsene Indigos erfahren.

Wenn ein Indigo-Kind zur Welt kommt, hat es häufig bereits offene Augen. Ab diesem Moment registriert es alles, was um es herum geschieht. Es ist schon jetzt neugierig und wissbegierig. Ein Jahr später räumt es die Töpfe in der Küche aus der Schublade und lernt. Es lernt mit Freude, und es macht diese Übung so oft und so lange, bis es sicher weiß, was es damit anstellen kann, welche Geräusche es mit diesen Gegenständen erzeugen kann und so weiter. Das fordert die Eltern und vor allem die Mutter.

Wenn wir uns nun verdeutlichen, dass das Kind nicht einfach Krach macht, sondern freiwillig schwerste Lernprozesse vollzieht, und das auch noch voller Lebensfreude, so können wir durchaus lernen, diese Geräusche als wohltuend und angenehm anzunehmen.

Das Lernen, wie sich ein Topf anfühlt, wie ein Klang entsteht und ein weiterer und noch ein weiterer Klang entsteht, *sind* schwerste Lernprozesse. Dagegen sind die Lernprozesse eines angehenden Arztes wenige Wochen vor den letzten Prüfungen eine Kleinigkeit.

Die Kinder lernen freiwillig und mit Leichtigkeit, und wir Erwachsene sind eingeladen, von unseren Kindern die Leichtigkeit beim Lernen und Arbeiten zu lernen.

Alle Kinder lernen gerne und wissen, dass sie alles mit Leichtigkeit lernen können. Wenn ein Kind in der Schule nicht mehr folgen kann, liegt es nicht an dem plötzlichen Verlust der Lernfähigkeit und des Lernwillens, sondern daran, dass es weiß, dass es leicht lernen kann, und das will es auch, darf es aber nicht mehr.

Die Töpfe durfte das Kind noch erfahren, den Klang der Töpfe selbst erzeugen und lernen und die Entstehung eines Klangs verinnerlichen. Bei diesen äußerst schweren Lernprozessen durfte es nach seinem Tempo und seinen eigenen Lernmethoden vorgehen und erfolgreich sein. Bei den vergleichsweise banalen Lernprozessen der Buchstaben und Worte ist plötzlich jemand da, der dem Kind sagt, *wie* es lernen muss und *wann* es etwas lernen muss.

Der Ernst des Lebens hat begonnen.

Der Entwicklungsstand der Kinder ist nicht von Interesse, sondern das Lernsoll der Schulen. Die Kinder wissen, dass sie ohne jede Anstrengung lernen können, die Erwachsenen können es aber nicht verstehen, da sie selbst meistens mit Anstrengung gelernt haben. Hier sind wir Erwachsene aufgefordert, über unseren Schatten zu springen.

Oft werde ich gefragt, wie das denn funktionieren soll, dann brauche man ja extra Klassen für diese Kinder, das ginge ja gar nicht.

Extra Klassen sind nicht die geeignete Lösung.

Indigo-Menschen können nur aus der Freiwilligkeit heraus und in der Leichtigkeit lernen und arbeiten. Andere Menschen hingegen können durch herkömmliche Methoden lernen, aber auch mit der Methode der Freiwilligkeit und Leichtigkeit, und das um ein Vielfaches leichter.

Es läuft also auf neue Lehrmethoden hinaus, die niemanden ausgrenzen und allen neue Möglichkeiten eröffnen. Sie wären ein Gewinn für alle Beteiligten, auch für die Lehrer.

Oft bekomme ich von Lehrern zu hören, dass der Lehrplan ein bestimmtes Vorgehen von Ihnen verlange. Sie könnten gar nicht anders, und sie könnten da nichts bewegen. Wenn ich über dieses Thema mit Lehrern spreche, sind mindestens achtzig Prozent der Meinung, die Methoden seien nicht mehr angemessen, und dieselben achtzig Prozent sagen: »Aber als einzelner Lehrer kann ich daran ja nichts ändern.«

Kinder sind Schutzbefohlene der Lehrer und den Lehrern ausgeliefert. Kinder können das System nicht planvoll ändern. Sie können sich nur in sich zurückziehen oder in die offene Rebellion gehen. Sprechen Schülerdemonstrationen nicht eine deutliche Sprache?

Lehrer hingegen können selbst bestimmen, was sie tun. Die erforderlichen Veränderungen können also nur von ihnen ausgehen, von ihnen und engagierten Eltern. Die Kultusministerien sind zu weit weg von der Basis, als dass sie überhaupt merkten, was wirklich los ist. Außerdem ist jede Veränderung für sie mit Arbeit verbunden, und wenn die finanziellen Mittel auch ohne den erhöhten Arbeitsaufwand fließen, warum sollten sich dann einzelne einsetzen?

Wenn es »nur« um rebellierende Kinder geht, lassen sich auch andere Lösungen finden.

Aber dieser Zynismus wird nicht einmal als solcher erkannt. Also wird weiter Ritalin zur Ruhigstellung von Indigos empfohlen, was die Situation verschiebt und weiter verschärft. Die wahrheitsliebenden Kinder begreifen das als Schizophrenie. Zum einen wird ihnen in den Medien vermittelt: »Keine Macht den Drogen! Schützt unsere Kinder vor Drogen! Bestraft die Drogendealer hart!« Und auf der anderen Seite erkennen Indigos, die Ritalin einnehmen, dass sie damit ihrer selbst beraubt werden, das heißt unter Drogen gesetzt.

Somit sind die Aussagen der Gesellschaft gegen Drogen reine Lüge, schlimmer noch, Erwachsene erheben sich auf diese Weise über die Kinder, indem sie auch noch bestimmen wollen, welche *Droge* für ihr Kind am besten ist!

Indigo-Kinder, denen Ritalin verabreicht wurde, schildern ihr Empfinden häufig so: »Ich komme mir vor wie ein Zombie.« Deshalb ist es auch verständlich, dass es jeden Morgen ein Kampf ist, die Tablette in das Kind hineinzubekommen. Das

Kind weiß ja aus Erfahrung, dass ihm dieser Tag dadurch geraubt wird.

Das Thema Ritalin möchte ich hiermit beenden. Es ist ein zu trauriges Thema.

Mir liegt jedoch sehr am Herzen, noch einmal deutlich zu machen, dass Indigo-Menschen nicht nachtragend sind. Wenn Sie Ihrem Kind schon Ritalin verabreicht haben, für sich jetzt aber erkannt haben, dass das keine Lösung ist, sagen Sie es Ihrem Kind mit reinem und ehrlichem Herzen: »Es tut mir Leid, bitte lass uns jetzt gemeinsam eine andere Lösung, einen anderen Weg suchen. Willst du mir dabei helfen?«

Bitte haben Sie diesen Mut. Die Kinder warten nur darauf. Bei der Suche nach einem geeigneten gemeinsamen Weg wollen und können uns unsere Kinder ganz erheblich helfen.

Probieren Sie es aus, und ich wünsche Ihnen von ganzem Herzen, dass Sie das Geschenk dieser großartigen Erfahrung machen dürfen.

Selbst auf der Bühne der Weltpolitik lassen sich manchmal positive Beispiele finden. So hat sich im September 2005 der ehemalige US-Außenminister Powell vor aller Welt dafür entschuldigt, der UN die unwahren CIA-Berichte vorgelegt zu haben, die den zweiten Irak-Krieg zur Folge hatten. Nun, das ist ein schwacher Trost für die Gefallenen und ihre Familien und Freunde. Aber was für einen Mut muss dieser Mann aufgebracht haben, dies zu tun. Einen Fehler mit so gravierenden Folgen zuzugeben erfordert Rückgrad. Ich bin glücklich und dankbar für so ein Vorbild.

Immer wieder werde ich, wenn ich über die Freiwilligkeit des Lernens spreche, darauf angesprochen, dass die antiautoritäre Erziehung ja gründlich fehlgeschlagen ist. Das ist vollkommen richtig. Die antiautoritäre Erziehung ist für Indigo-Kinder auch völlig ungeeignet. Diese Kinder müssen deutlich ihre Grenzen aufgezeigt bekommen, sonst geht ihre enorme Lebensenergie mit ihnen durch. Sie benötigen aber Freiraum, diese Energie ausleben zu können, sei es im Spiel oder bei kreativen Tätigkeiten.

Wenn Sie Ihr Kind mit in Ihre Überlegungen einbeziehen, so wird es Ihnen wichtige Hinweise zur Lösung des Problems geben, vor allem aber fühlt es sich respektiert und ernst genommen mit seinen Bedürfnissen. Und wenn Sie sich konsequent an die mit dem Kind getroffenen Abmachungen halten, so dürfen Sie von Ihrem Kind auch erwarten, dass es sich nach Ihren Bedürfnissen richtet. Wenn es das vergisst, drohen Sie ihm nicht mit Strafe, sondern erinnern Sie es an diese Abmachungen.

Oft hören diese Kinder nicht, wenn Sie ihnen etwas sagen, und es sieht manchmal fast so aus, als wollten sie Ihnen nicht zuhören. *Aber das stimmt nicht.* Sie sind dann in ihrer Innenwelt. Sprechen Sie Ihr Kind mit freundlicher und deutlicher Stimme solange an, bis es Sie wahrnimmt. Wenn es Sie dann bewusst wahrnimmt, werden Sie merken, dass es mit seinen Gedanken ganz woanders war und nicht einmal weiß, dass Sie es schon mehrmals gerufen haben. Wir alle kennen das, wenn wir in einen spannenden Film oder ein Buch versunken sind. Auch hier gilt es, eine Lösung zu finden, damit umzugehen. Durch das Einbeziehen des Kindes bei der Problemlösung zeigen Sie ihm, dass Sie wirklich an einer Lösung interessiert sind, die für beide Seiten akzeptabel ist.

Genauso verhält es sich beim Lernen. Wenn wir wollen, dass das Kind im Unterricht folgen soll, muss der Lehrer die Aufmerksamkeit des Kindes auf sich ziehen.

Ich kann mich gut daran erinnern, dass früher in meinen Zeugnissen ein Satz ständig wiederkehrte: »Peter ist unaufmerksam und lässt sich leicht ablenken. Er schaut ewig aus dem Fenster.« Diesen Satz habe ich als Kind nie verstanden, denn er war die Unwahrheit. Zuhause konnte ich meiner Mutter sehr genau schildern, was ich in der Schule erlebt hatte und welche Vögel ich vorbeifliegen sah. Wenn ein Baukran Materialien nach oben brachte, habe ich diese während des Transports genauestens begutachtet. Zuhause habe ich mir dann einen Kaninchenstall aus Steinen gemauert und mit Dachpfannen gedeckt. Der Stall hat die Größe von drei mal zwei Metern und steht heute noch im Garten meiner Mutter und dient als Brennholzschuppen.

Ich war also sehr wohl aufmerksam in der Schule. Dem Lehrer war es allerdings nicht gelungen, meine Aufmerksamkeit auf sich zu ziehen. Ich weiß, dass das bei einem Indigo-Kind auch nicht so leicht ist. Unmöglich ist es jedoch, wenn dem Kind nicht bewusst ist, warum es lesen und schreiben lernen soll, und das war bei mir der Fall.

Dieser Lernprozess sollte schon vor der Einschulung erfolgen. Es reicht nicht, dem Kind zu sagen: »Alle Kinder müssen mit sechs Jahren in die Schule gehen, das ist vom Gesetz so vorgeschrieben.« Das Kind erfährt so etwas nur als Druck und Zwang, weiß es doch, dass es freiwillig auf die Erde gekommen ist und auch in Freiheit hier leben soll und will.

Wenn wir dem Kind den eigenen Nutzen des Lesens und des Schreibens vermitteln, wird es bereitwillig zur Schule gehen und lernen. Vermitteln heißt, dem Kind solange von diesen Vorteilen zu erzählen, bis es sie verinnerlicht und erfahren hat. Dann wird es für den Lehrer auch wesentlich leichter, die Aufmerksamkeit des Kindes zu wecken.

Ebenso wichtig ist es zu erforschen, ob bei einem Indigo Lücken im Erfahrungsfundament entstanden sind. Eine solche Lücke möchte ich Ihnen einmal aufzeigen.

Es gibt viele Menschen, gerade auch Erwachsene, die mit links und rechts Schwierigkeiten haben. Vor einigen Wochen hatte ich eine vierzigjährige Klientin, die nicht in der Lage war, jemandem den Weg zu erklären. Sie warf links und rechts immer durcheinander. Als ich sie fragte, was links und rechts sei, antwortete sie mir: »Eine Richtungsangabe wie oben und unten.« Beides ist jedoch keine Richtungsangabe. Unten ist die Stelle von etwas, das der Erdanziehung folgt, also dem Mittelpunkt der Erde am nächsten ist, und oben ist die entgegengesetzte Stelle, die vom Erdmittelpunkt am weitesten entfernt liegt.

Was ist aber nun links und rechts? Ich bat meine Klientin, ihre Augen zu schließen und sich eine Linie mitten durch ihren Körper vorzustellen, von oben nach unten. Als sie mir sagte, dass in ihrer Vorstellung die Linie da sei, legte ich meine Hand auf ihre rechte Schulter und sagte: »Alles, was du an dieser Seite der Linie, wo du jetzt meine Hand fühlst, wahrnimmst (siehst, spürst, riechst, hörst und so weiter), ist rechts. « Als sie mir sagte, dass sie die rechte Seite bewusst fühlen und meine Hand spüren könne, nahm ich meine Hand weg und bat sie, sich nur noch die Linie mitten durch ihren Körper vorzustellen. Dann wiederholte ich die Übung mit der linken Seite. Jetzt hatte sie das erfahren und verinnerlicht. Das Gefühl meiner Hand auf ihrer rechten Schulter war so mit dem

Klang des von mir gesprochenen Wortes »rechts« in eins gebracht worden. Jedes Mal, wenn sie jetzt das Wort »rechts« hörte, spürte sie ihre rechte Seite. Es konnte ihr nicht mehr verloren gehen.

Am nächsten Tag kam sie freudestrahlend zu mir und sagte: »Gestern Abend habe ich einer Freundin den Weg zum Kino erklären können.« Hier erkennen wir, dass links und rechts ausschließlich ein Gefühl ist und nur auf den Sprecher bezogen werden kann.

Wie kann sich eine solche Irritation einstellen? Vor ein paar Jahren bin ich in Hamburg viel mit der U-Bahn unterwegs gewesen. Dabei fiel mir auf, wie oft vor den Haltestellen gesagt wurde »Ausstieg links« oder »Ausstieg rechts«. Dann sah ich die Kinder in der Bahn, die das eine Mal in Fahrtrichtung und das andere Mal entgegen der Fahrtrichtung im Zug saßen. So können Erfahrungslücken und Verwirrungen entstehen.

Links und rechts ist allerdings nur ein Beispiel von vielen. Je mehr Sie über Ihr Kind herausfinden und ihm helfen, desto leichter kann es in der Schule folgen.

An dieser Stelle möchte ich einmal ausdrücklich auf die Lernstrategien von Ronald Davis hinweisen. Er hat als ehemaliger Legastheniker eine Methode entwickelt, Legasthenikern das Lernen zu ermöglichen. Diese Methode eignet sich auch hervorragend für Indigo-Kinder (siehe dazu die emp-

fehlenswerten Bücher auf Seite 146 im Anhang).
Parallel dazu hat er ein Legasthenie-Korrekturpro-
gramm entwickelt, mit dem Erfahrungslücken von
Kindern und Erwachsenen erkannt und neutrali-
siert werden können.

Ich möchte den Inhalt dieses Kapitels noch einmal
in einer Kernaussage zusammenfassen: *Indigo-Menschen lernen mit Lust und Freude.*

Wenn wir Eltern und Lehrer nicht als Lehrmeister auftreten, sondern unsere Kinder unterstützen
und ihnen bei ihren Lernprozessen behilflich sind,
können sie auch wieder folgen. Selbstverständlich
ist es wichtig, dass wir ihnen Lerninhalte anbieten,
aber eben nur anbieten. Unsere Kinder wissen von
allein, wann was zu lernen ist, wann ihre Entwicklung den Lernprozess zulässt. Und dann benötigen
sie auch die fachliche Kompetenz der Lehrer.

Ebenso verhält es sich mit den Lernwegen. Es
ist gut, den Kindern verschiedene Lernwege anzubieten, und wenn sie ihren persönlichen Lernweg
gefunden haben, benötigen sie selbstverständlich
kompetente Hilfestellung. Wenn es allerdings ein
Lernweg ist, den wir selbst noch nicht kennen, so
ist es wichtig, ihn kennen lernen zu wollen, auch
wenn wir ihn noch nicht nachvollziehen können.

Ihr inneres Kind – konnten Sie es beim Lesen
spüren? Dann lassen Sie dieses Gefühl zu und

schenken Sie Ihrem inneren Kind Ihre Liebe. Es braucht Sie. Der folgende Absatz ist für Ihr inneres Kind bestimmt. Lesen Sie ihn Ihrem inneren Kind langsam und liebevoll vor und lassen Sie alles zu, was hochkommen will.

Unser jetziges Bildungs- und Gesellschaftssystem ist oft nicht leicht zu ertragen, und das Kind in dir hat sehr darunter gelitten. Aber alles, was dich so verletzt und erniedrigt hat, ist meistens aus Unwissenheit der Erwachsenen geschehen. Sie wussten einfach nicht, wie du wahrnimmst, dass du ein Indigo bist und so sensibel. Schön, dass du überlebt hast. Ich danke dir dafür! Und ab jetzt umarme ich dich, wenn du Liebe brauchst. Bitte hilf mir dabei, das zu erkennen, und verzeihe mir, wenn ich es einmal vergessen sollte. Ich liebe dich!

Gönnen Sie sich eine Pause.

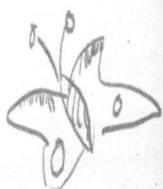

Indigo-Kinder schütten ihre Seele aus

Iris, 9 Jahre

Beim Mittagessen mit Freunden von mir sagte deren Tochter Iris: »Heute habe ich die Mathearbeit nicht geschafft. Die erste Aufgabe war einfach zu schwer, ich weiß nicht, warum ich das nicht kann.«

Als Iris versuchte, uns die von ihr nicht gelöste Textaufgabe zu erzählen, stockte sie bei einem Wort. Alle Versuche, das Wort für uns verständlich auszusprechen, schlugen fehl. Wir konnten erst nach etlichen Wortbeispielen herausfinden, um welches Wort es sich handelte: »Anzahlung«. Dieses Wort der Textaufgabe hatte bei Iris die Verwirrung ausgelöst und ein Weiterrechnen unmöglich gemacht.

Der anwesende Vater erklärte: »Woher soll unser Kind dieses Wort auch kennen, wir kaufen nichts auf Raten mit einer Anzahlung!«

Die Erklärung des Begriffs »Anzahlung« dauerte vielleicht zwei Minuten. Iris schloss danach die Augen, und zwei weitere Minuten später nannte sie uns das richtige Ergebnis der Textaufgabe.

Ihre Leistung in Mathematik wurde an diesem Tag mit ungenügend bewertet, obwohl lediglich die Begrifflichkeit eines Wortes nicht verstanden worden war, was jedoch nicht das Geringste mit ihrer mathematischen Fähigkeit zu tun hatte.

Langsam löste sich in Iris die Verzweiflung über die eigene Unfähigkeit zu rechnen wieder auf, und ihr Kinderlachen kehrte zurück.

Karl, 10 Jahre

Nach einem Vortrag kam Karl zu mir und sagte: »Peter! Jetzt weiß ich, dass ich das schaffe!«

Zufrieden ging er mit seiner Mutter nach Hause.

Lisa, 11 Jahre

Ein Diktat in Deutsch stand an. Lisa übte lange zu Hause, und es klappte gut. In der Schule bekam sie es dann wieder mit der Angst, etwas Falsches zu schreiben. Lisa wörtlich:

»Auf einmal habe ich fast alles klein geschrieben, und meine Schrift wurde ganz krakelig. Alles, was ich geübt hatte, war wie weggewischt.

Für das Diktat bekam ich eine Sechs und traute mich nicht, es meinem Vater zu zeigen.

Meine Mutter nahm mich an die Hand und sagte: ›Ich gehe mit dir zu Papa, er wird schon nicht schimpfen!‹ So kam es dann auch, und ich hatte keine Angst mehr.«

Der nächste Test war dann eine Zwei, die zweitbeste von allen Arbeiten der Klasse.

Torsten, 10 Jahre

»Mit der Rechtschreibung habe ich oft große Schwierigkeiten. Alle wissen das: meine Eltern, die Lehrer und natürlich auch die Mitschüler. Alle wollen mir helfen, dass es besser wird. So schauen sie besonders genau hin, wenn ich etwas geschrieben habe.

Manchmal gucke ich bei Klassenarbeiten ab. Wenn die Klassenarbeit zurückgegeben wird und ich dann meine Fehler durchgehe, weiß ich sofort, dass das bei meinem Nebenmann auch falsch geschrieben ist. Es ist aber nicht angestrichen, und das geschieht so oft. Manchmal hat mein Nebenmann sogar mehr Fehler und eine Drei und ich ein Mangelhaft. Einmal habe ich es gewagt, dem Lehrer das zu sagen, aber das war ein großer Fehler. Für das Verpetzen bekam ich Strafarbeiten auf, die Mitschüler bespuckten mich in den Pausen, und meine Mutter bestrafte mich zu Hause weiter.«

Johanna, 16 Jahre, Legasthenikerin

Am Ende eines Vortrages sagte mir Johanna, dass sie so gerne liest und schreibt:

»Manchmal lese ich nächtelang durch. Das darf nur keiner merken, sonst muss ich wieder etwas vorlesen. Sobald ich aber etwas vorlesen muss, kann ich nicht mehr lesen und verhaspele mich ständig. Dann sagen alle wieder: ›Die kann ja gar nicht lesen, die lügt schon wieder.‹

Noch schlimmer ist es mit dem Schreiben. Ich habe schon einige Bücher geschrieben, die darf aber niemand sehen. Sobald sie jemand sehen würde, würden sie wieder auf die Suche nach Fehlern gehen und mich als schlecht beurteilen, ohne verstanden zu haben, dass ich doch so gerne mitteilen möchte, was ich weiß.

Ich lebe in der ständigen Angst, dass meine Eltern den Schreibtisch durchsuchen. Noch zwei Jahre muss ich durchhalten, dann bin ich volljährig.

Meine Berufung ist Erzieherin, und das lerne ich jetzt.«

Eltern von betroffenen Kindern berichten

Eine Mutter

»Ich habe vier betroffene Kinder. Mit den ersten habe ich gebüffelt, gepaukt, bin zur Nachhilfe gerannt. Die Leistungen in der Schule änderten sich nur geringfügig, die Frustration meiner Kinder und auch meine eigene nahmen jedoch bedrohliche Ausmaße an.

In meiner Not wechselte ich den Kinderarzt und war überrascht, dass sich der neue Arzt als ein bekennender Legastheniker herausstellte.

Er fragte meinen siebenjährigen Sohn: ›Weißt du eigentlich, warum ich so eine krakelige Handschrift habe?‹

Mein Sohn antwortete: ›Nö, Doktor, das weiß ich nicht!‹

Doktor: ›Ich bin auch Legastheniker, und durch die krakelige Schrift sehen die Leute meine Rechtschreibfehler nicht. Und sieh mal, aus mir ist ein Kinderarzt geworden.‹

Dieser Satz nahm so viel Druck von mir, dass mir die Tränen in die Augen schossen.

Anschließend kündigte ich jegliche Nachhilfe meiner Kinder auf und ließ sie wieder Kind sein.

Natürlich stoße ich jetzt regelmäßig auf erheblichen Widerstand von ganz unterschiedlicher Seite – Schule, Verwandte und Bekannte. Doch die wiedergewonnene Lebensfreude meiner Kinder und die Rückkehr meines Seelenfriedens geben mir die Kraft dazu, diesen Entschluss durchzuhalten.«

Ein Vater

»Ich bin selbst Legastheniker und habe auf dem zweiten Bildungsweg mein Abitur gemacht. Heute arbeite ich als Ingenieur.

Meine Kinder haben die gleiche Veranlagung wie ich, und deshalb bin ich in Ihrem Vortrag. Die Information über Ihre Veranstaltung habe ich im Kindergarten meiner Tochter gefunden. Morgen werde ich im Kindergarten fragen, weshalb keine der Erzieherinnen an diesem Vortrag in unmittelbarer Nachbarschaft teilgenommen hat. Auf die Antwort bin ich jetzt schon gespannt.

Ich werde alles tun, um meinen Kindern die oft unerträglichen Erfahrungen, die ich selbst gemacht habe, zu ersparen.«

Eine Mutter

»Mein ADS-Kind hat mich schon oft bis an die Grenzen der Belastbarkeit geführt. Jeder, mit dem ich darüber sprach, hatte einen anderen Ratschlag für mich. Der eine meinte: ›Sie ernähren Ihr Kind nicht richtig!‹ Ein anderer sagte: ›Sie nehmen sich zu wenig Zeit für Ihr Kind!‹ Wieder ein anderer empfahl mir eine andere Schule.

Mit jedem Ratschlag wurde mir einmal mehr deutlich gemacht, dass ich etwas falsch machte. Nicht nur das Selbstwertgefühl meines Sohnes ging immer mehr verloren, sondern auch mein eigenes. Durch den Verlust meines Selbstvertrauens verlor mein Sohn immer mehr das Vertrauen in mich, seine Mutter.

Mein Mann spürte meine stetig steigende Unsicherheit natürlich auch, und so baute sich eine Misstrauens- und Vorwurfshaltung in der ganzen Familie auf. Wo waren die Liebe und das Vertrauen nur geblieben, das uns so lange begleitet hatte?

Eines Tages merkte ich, dass sich meine eigene Angst und Unsicherheit eins zu eins auf meinen Sohn übertrug. Was sollte ich bloß machen? Die Situation war derart festgefahren, dass ich meine Ehe und Familie schon verloren glaubte.

Dann stellte sich eines Tages bei mir eine Gleichgültigkeit gegenüber allem Außengeschehen ein, gegenüber allen Ratschlägen und eingeforderten Verhaltensweisen. Als ich diese Gleichgültigkeit spürte, begann auch mein Sohn gleichgültig gegenüber den Außenreaktionen zu werden. Jetzt hatten wir endlich wieder eine Gemeinsamkeit gefunden.

Es war eine mir bis dahin ganz unbekannte Gleichgültigkeit, keine Gleichgültigkeit gegenüber dem Leben, sondern eine Gleichgültigkeit gegenüber den Meinungen und Ratschlägen der anderen Menschen um mich herum.

Ich erfuhr zum ersten Mal die Gleichgültigkeit als *Gleichwertigkeit* von allem.

Langsam begann ich mich selbst wieder zu spüren, und meine eigenen Vorstellungen vom Leben und der Erziehung unseres Sohnes kehrten zurück.

Eines Tages begriff ich dann, dass mein Sohn so wie er ist richtig ist, sonst hätte Gott ihn ja nicht so erschaffen.

Die Beziehung zu meinem Mann entspannte sich auch zusehends, und es entwickelte sich wieder neue Hoffnung für unsere Familie.

Je mehr ich zulassen konnte, dass die Meinung der ›Fachleute‹ lediglich ihre persönliche Meinung ist und nichts mit richtig oder falsch zu tun hat, um so mehr konnte ich das Vertrauen in meine eigene Meinung, die Meinungen meiner Mitmenschen und meines Mannes wieder zulassen.

In kleinen Schritten öffnete auch mein Sohn sich wieder für mich, und ich lernte immer mehr, ihn zu verstehen.

Manchmal liege ich jetzt im Bett und weine still vor mich hin. Es sind Tränen des Glücks. Die Liebe und das Vertrauen halten langsam wieder Einzug in unser Leben.«

»Seit mein Sohn keine synchronisierten Filme mehr sieht, ist er viel ausgeglichener, und ich kann ihn auch besser wahrnehmen.«

Anmerkung des Autors: Synchronisierte Filme verzerren die Wahrnehmung mancher Indigo-Menschen, die oft Bilderdenker sind. Der Mund zeigt etwas anderes, als die Stimme sagt, und das ist für viele unerträglich. Sie nehmen es als Unwahrhaftigkeit auf und beginnen zu leiden.

Eine legasthenische Mutter von legasthenischen Kindern

»Ich will wissen, was meine Kinder denken und tun. Ich bin ja schließlich die Mutter.

Kürzlich habe ich das Versteck gefunden, in dem meine Tochter ihr Tagebuch verbirgt. Nachdem ich es gelesen hatte, habe ich es natürlich sofort wieder zurückgelegt. Jetzt schaue ich regelmäßig hinein, finde aber keinen neuen Eintrag mehr.«

Eine Mutter

»Was sie bei meinem Sohn testen, ist uns egal.

Was sie auf die Zeugnisse schreiben, ist uns egal.

Wenn mein Sohn von der Schule nach Hause kommt, darf er Kind sein.

Wenn er fragt, will er lernen – und jetzt darf ich lehren.

Neugierig macht ihn die Welt von selber.«

Mutter in einer Großstadt

»Als ich erkannte, dass mein Sohn vor der Schule Angst hatte, stand ich vor einem großen Problem. Wie kann ich meinen Sohn schützen? Wie kann ich meinen Sohn unterrichten? Die Lösung, die ich fand, ist nicht gesetzeskonform.

Anmerkung des Autors: Bitte lesen Sie nicht automatisch weiter, sondern nur, wenn Sie es wirklich wollen.

Sie wollen? Schön!

Nach einigem Überlegen reiste ich nach England und suchte eine Schule für meinen Sohn. Diese war schnell gefunden, und die Umsetzung begann. Der Lehrer unterrichtet meinen Sohn über das Internet, und ich beaufsichtige die Arbeiten meines Sohnes zu Hause.

Die nächste Frage tat sich auf. Wo sollen wir wohnen? Unsere Heimat ist Deutschland, und wir lieben sie. Als freie Künstlerin verdiene ich mein Geld, ohne der Normierung des Broterwerbs zu unterliegen. Also meldete ich uns in Deutschland ab und in England an. Wir leben in England, sind jedoch meistens in der Heimat. Mein Sohn lernt in England und lebt in der Heimat.

Er ist jetzt achtzehn Jahre alt und beginnt in Kürze sein Studium. Jetzt darf er gesetzeskonform in seiner Heimat leben und studieren.«

Die Evolution nur in der Technik – oder auch im Geistigen?

Dieses Thema möchte ich mit einer Erklärung aus dem Duden beginnen. Dort wird Evolution so beschrieben: »Die Evolution a) allmählich fortschreitende Entwicklung; Fortentwicklung im Geschichtsablauf; b) stammesgeschichtliche Entwicklung der Lebewesen von niederen zu höheren Formen.«

Bei der ersten Definition ist offen gelassen, ob es sich um Menschen, Tiere, Pflanzen, unseren Planeten allgemein oder um materielle Gegenstände wie zum Beispiel das Auto handelt. So ist es auch erklärbar, dass Mercedes vor zehn Jahren einer Sonderserie den Namen Evolution gab.

Bei der zweiten Definition ist klar ausgesagt, dass die Evolution sich auf Lebewesen bezieht, und zwar von niederen zu höheren Formen.

Wenn wir den geschichtlichen Verlauf in technischen Bereichen einmal näher betrachten, können wir erkennen, dass alles Neue anfangs mit allen zur Verfügung stehenden Mitteln bekämpft wurde. So ist es auch heute noch, nur fällt es uns in der Fülle der Informationen, die im Medienzeitalter auf uns einfluten, weniger auf. Die meisten Erfinder mit wirklich umwälzenden Ideen sehen sich aber nach wie vor enormem Widerstand gegenüber.

Ich darf Ihnen zwei Beispiele für alte Befürchtungen nennen, die heute nur noch belächelt werden. Bei der Eisenbahn hatten die Menschen zur Zeit ihrer Erfindung die Angst, sie würden durch die damals unglaubliche Geschwindigkeit von dreißig Stundenkilometern *ersticken*. Diese These wurde von Ärzten aufgestellt!

Als die Kartoffel nach Europa kam, wurde sie zunächst als giftig eingestuft. Die Bevölkerung durfte sie nicht essen. Einige Verwegene haben es dennoch getan und auf diese Weise bewiesen, dass Kartoffeln wohlschmeckend, nahrhaft und gesund sind.

Wir leben hier im christlichen Abendland. Viele sprechen das Glaubensbekenntnis. Aber was ist eigentlich Glaube? Wer einen Glauben hat, der vertraut auf etwas, was er nicht sehen und beweisen kann. Jeder Erfinder glaubt an seine Ideen, beweisen kann er sie anfangs nicht. Funktioniert eine Erfindung dann, ist es bewiesen. Dann glauben es alle.

Immer wieder höre ich in Gesprächen, wie Menschen sagen: »Das glaube ich erst, wenn ich es gesehen habe.« Das Wort *Glaube* wird hier falsch benutzt. Richtig müsste es heißen: »Das *weiß* ich erst, wenn ich es gesehen habe.« Wahrhaft zu glauben brauchen nur der Erfinder und diejenigen, die ihn unterstützen, bevor sie sehen, wie das Experiment ausgeht.

Alles, was neu in unser Bewusstsein gelangt, ist Teil der Evolution. Auch ist es seit Menschengedenken so, dass alles, was noch nicht im eigenen Bewusstsein ist, nicht nur abgelehnt, sondern erst einmal mit allen Mitteln bekämpft wird. So ist es auch allen Heiligen und Propheten ergangen. Jesus von Nazareth ist wohl das beste Beispiel.

Als Kind stand ich eines Tages vor einem großen Ameisenhaufen im Wald und stellte mir die Frage: »Was machen die Ameisen da? Können sie mich sehen, oder können sie mich wahrnehmen? Wissen sie überhaupt, dass ich dort stehe, und warum nehmen sie keine Notiz von mir?« Damals wurde mir klar, dass wir Menschen aus der Sicht dieser unserer Erde nichts weiter als Ameisen sind, eben nur etwas größere.

Wenn ich mich in einer großen Stadt an einem Ort mit zahlreichen Menschen befinde, setze ich mich gerne hin und beobachte das geschäftige Treiben.

Viele laufen zielstrebig in die eine Richtung und genauso viele zielstrebig in die andere Richtung. Bei keinem ist das Ziel für einen anderen ersichtlich. Es herrscht ein Gewimmel wie in einem großen Ameisenhaufen, durcheinander und geordnet zugleich, und ich sitze mitten drin.

Als ich als Kind vor diesem Ameisenhaufen im Wald stand, wurde mir klar, dass die Ameisen mich nicht so sehen und wahrnehmen konnten, wie ich sie zu sehen vermochte. Wenn ich einen Stock in die Hand nahm und diesen drohend über dem Haufen schwenkte, änderte sich ihr Verhalten nicht. Sie nahmen die drohende Gefahr gar nicht wahr. Fällt bei einem Sturm jedoch ein Ast in diesen Haufen, beginnen sie sofort damit, den Schaden zu beheben – genau wie wir Menschen nach einer Naturkatastrophe.

Damals wurde mir auch klar, dass es eine höhere Macht gibt, die wir mit unseren Augen nicht sehen können, die uns aber sehr genau sieht. Ich möchte sie einmal die göttliche kosmische Kraft nennen. Mit unserer bisherigen Wahrnehmungsfähigkeit können wir alle niederen Wesen, wie wir welche sind, erkennen, nicht jedoch diese göttliche Kraft.

Nun nennt sich eine Entwicklung von niederen zu höheren Formen hin laut Duden Evolution. Die niederen Formen (die Ameisen) können wir wahrnehmen, das fällt uns nicht weiter schwer. Wie sieht es aber mit dieser göttlichen Kraft aus? Vertrauen wir auf ihre Existenz? Unterstellen wir sie, weil unser Gefühl uns sagt, dass das die Wahrheit ist? Nein, das lässt unser Ego nicht zu.

Etwas anzuerkennen, das »höher« sein könnte als wir, fällt uns an sich schon schwer. Aber anzuerkennen, dass etwas vielleicht »höher« ist und dass wir es nicht sehen können und die Wissenschaft noch nicht in der Lage ist, es zu beweisen, das übersteigt unsere Bereitschaft. *Dabei zeigt sich genau darin Evolution.*

Wie schreitet Evolution fort? Vom Niederen zum Höheren. Sie ist eher eine Frage des Glaubens als eine der Wissenschaft, weil wir das Höhere anfangs nicht fassen können. *Unser Wissen erwächst aus dem Glauben an die gespürte Wahrheit.*

Allerdings ist in unserer westlichen Welt unser Glaube pervertiert: Wir glauben an die Wissenschaft und nicht an eine göttliche kosmische Kraft. Dadurch schneiden wir Menschen uns von wahrhaftigem Wachstum ab. Wir vertrauen nicht der Wahrheit unseres Gefühls, sondern der Fingerfertigkeit orthodoxer Statistiker.

Glücklicherweise gibt es heute sehr viele Menschen mit veränderten Wahrnehmungsfähigkeiten auf der Erde. Es gab sie eigentlich schon immer, nur durften sie ihre Fähigkeiten in so genannten »zivilisierten« Zeiten nicht zum Nutzen der Menschheit einsetzen. Versuchten sie es dennoch, wurden sie bekämpft. Sie wurden sogar als Hexen und Ketzer verbrannt.

Vor einiger Zeit besuchte ich einen Vortrag, der in einer Nachhilfeschule stattfand. Ein bekannter Hamburger Professor sprach über Lernbehinde-

rungen und Ergebnisse aus der empirischen Forschung. Am Ende der Veranstaltung war noch Zeit
für Fragen seitens der Zuhörer.

Also nutzte ich die Gelegenheit und fragte Professor M.: »Haben Sie schon einmal davon gehört,
dass es Menschen mit veränderten Wahrnehmungsfähigkeiten gibt?« Die Antwort lautete: »Ja, es gibt
derartige Menschen, aber sie sind so selten, dass
wir uns damit nicht zu beschäftigen brauchen.«
Daraufhin fragte ich ihn: »Haben Sie einen solchen
Menschen schon einmal kennen gelernt?« Er antwortete: »Nein.« Als ich ihm sagte: »Dann ist das
jetzt das erste Mal für Sie, denn Sie sprechen gerade mit einem solchen Menschen«, antwortete er in
die Runde: »Dann müssen Sie selbst sehen, wie Sie
damit klar kommen.«

Kurz vor Ende der Veranstaltung wandte ich
mich erneut an ihn: »Haben Sie schon einmal
etwas von Indigo-Kindern gehört?« Wieder antwortete er: »Nein.« Eine Zuhörerin, die rechts von
mir saß, sagte daraufhin: »Das kommt aus der eso-
terischen Ecke.«

Das war sehr aufschlussreich für mich. Hielt
Professor M. den Vortrag doch mit Hilfe seines
Notebooks. Auch er nimmt die Weiterentwicklung
in der Technik an, blendet aber jeglichen Gedanken an eine Weiterentwicklung auf der geistigen,
spirituellen oder mentalen Ebene – wie auch immer Sie es nennen wollen – aus.

Geistige Evolution soll nicht stattfinden. Dabei gibt es sie zweifellos, diese veränderte Wahrnehmungsfähigkeit. Sie stellt sich immer dann ein, wenn alte Formen der Wahrnehmung an ihre Grenzen stoßen oder inaktiv werden.

Es gibt unendlich viele Beispiele dafür, nicht nur in Schreckensmomenten, wenn unsere bisherigen Sinne ausfallen und andere an ihre Stelle treten, oder auf der Ebene der Neuen Kinder, die sensibler fühlen und wahrnehmen als frühere Generationen, oder bei den so genannten »Savants«, Menschen mit hoch spezialisierten, oft übermenschlich anmutenden geistigen Fähigkeiten, wie sie gelegentlich unter Autisten anzutreffen sind.

Mich beeindruckte besonders eine ganz schlicht daherkommende Schilderung in dem Buch *Das wiedergefundene Licht* von Jacques Lusseyran. Ganz unspektakulär zeigte sie mir, wie alte Wahrnehmungsformen durch neue ersetzen werden können. »Ich sah das Licht«, schreibt der Autor auf Seite 18. »Ich sah es noch, obwohl ich blind war. Und ich sagte das. Doch viele Jahre konnte ich nicht laut darüber sprechen.«

Lusseyran schrieb das Buch 1960. Im Sommer 2005 hatte ich eine geliehene Ausgabe von 1971 in der Hand, wollte das Buch aber gerne selbst besitzen. Kurz entschlossen ging ich in Köln in eine große Buchhandlung und staunte nicht schlecht, als dort gleich zwei Exemplare im Regal standen.

Jetzt besitze ich ein Exemplar der 14. Ausgabe vom Dezember 2004. Wer hat diese vielen Exemplare gekauft, und *warum* wurden sie gekauft?

Bei diesem Buch handelt es sich nur um eines von vielen, in denen über veränderte Wahrnehmungsfähigkeiten geschrieben wird. Das bekannteste Buch, in dem Derartiges berichtet wird, ist die Bibel. Sie ist voll von solchen Schilderungen.

Seit ich mich bewusst mit diesem Thema befasse, begegnen mir immer mehr Menschen, die genau wissen, wovon ich rede und schreibe.

Und das tut gut.

Als Indigo seine Berufung finden und mit ihr leben und arbeiten

8

Wenn wir unsere Berufung finden wollen, ist es wichtig, alte Denkmuster und Verhaltensweisen zu erkennen und sie in kleinen Schritten loszulassen. Wir müssen uns für das Neue öffnen, die neuen Möglichkeiten erahnen und annehmen.

Durch das Alte können wir leben. Das ist gut so. Durch das Neue können wir wachsen, und das ist sogar noch besser. Beides ist jedoch erforderlich, um sich nicht zu verirren. Halten wir zu sehr am Alten fest, können wir nicht wachsen. Und öffnen wir uns nur dem Neuen, verlieren wir den Boden unter den Füßen und gehen unter. Die Waage muss ausgeglichen sein.

Meistens fühlen wir uns beim Alten und Vertrauten sicherer, weil wir das ja kennen. Dadurch hat die Waagschale beim Alten das Übergewicht, und das kann fatale Folgen für Indigos und die Entwicklung der ganzen Menschheit haben.

Indigos bringen ein viel weitreichenderes Wissen mit auf unsere Erde, als wir auch nur annähernd erahnen. Aber sie können es der Gesellschaft oft nicht zur Verfügung stellen, weil diese das nicht zulässt. Noch schlimmer ist jedoch, dass die Gesellschaft von Indigos verlangt, dass sie tatenlos zusehen, wie sie auf der Stelle tritt, ohne zu wachsen. Damit kann ein Indigo vielleicht noch leben. Aber dann verlangt unser System auch noch, dass die Indigos genau wie die alte Gesellschaft auf der Stelle treten sollen.

Damit können sie *nicht* mehr leben!

Indigo-Menschen sind keine Lemminge, die ihren Artgenossen blindlings nachlaufen, um die Klippen hinunterzustürzen und zu sterben. Also rebellieren sie. Gott sei Dank.

Es gibt bereits sehr viele Menschen, so wie Sie und ich, die sich dem Neuen öffnen, die erkannt haben, dass wir mit unseren Kindern wachsen dürfen und dass das sogar unsere Aufgabe ist. Die göttliche kosmische Kraft hat es so eingerichtet. Wir dürfen von den Menschen lernen, die wir am meisten lieben, unseren Kindern.

Was für ein unermessliches Geschenk des Himmels!

Ein Indigo-Kind sagte einmal zu seiner Mutter: »Mama, ich kann dir zeigen, wie du viel leichter zu Gott kommst.« Ich kenne keinen anderen Satz, der eine so tiefe Bedeutung hat.

Die göttliche kosmische Kraft hat es so eingerichtet, dass Eltern ihre Kinder mehr als alles andere lieben und Kinder ihre Eltern. Allein das Wissen, dass ein Kind ohne seine Eltern auf dieser

Erde nicht bestehen kann, lässt schon erkennen, wie wichtig es für unsere Kinder ist, das Leben in einem physischen Körper von den Erwachsenen zu lernen.

Unsere Kinder kommen freiwillig auf diese Erde und liefern sich bedingungslos den Eltern aus. Unsere Kinder tun das aus Liebe, aus bedingungsloser Liebe. Wenn wir Erwachsene lernen, unseren Kindern genauso bedingungslos zu vertrauen, dann finden auch wir den Weg zur bedingungslosen Liebe. Und diese Liebe ist göttlich.

Unsere Kinder machen es uns vor, wir brauchen es nur nachzumachen.

Natürlich haben wir als Eltern die Pflicht, dafür zu sorgen, dass unsere Kinder ihren physischen Leib nicht verletzen. Sie wissen ja noch nicht, wie sie damit umgehen können. Ebenso ist es erforderlich, unsere Kinder vor negativen Einflüssen zu schützen. Wir sollten deshalb immer möglichst bewusst handeln – denn wir schaffen die frühesten Prägungen bei unseren Kindern, von uns leiten sie ihre Verhaltensweisen ab.

Gleichzeitig sollten wir nie vergessen, dass unsere Kinder unsere größten Lehrmeister sind. Durch ihr bedingungsloses Vertrauen. Durch ihren Glauben an uns. Durch ihren Glauben an sich. Durch ihre Liebe, die das ermöglicht.

Und wenn sie Ihnen etwas erzählen, was Sie nicht verstehen – erwidern Sie dieses Vertrauen. Glauben Sie ihnen. Gerade kleine Kinder sagen immer die Wahrheit, auch wenn wir sie oftmals nicht als solche verstehen!

Als Beispiel möchte ich anführen, was ich von meinem Sohn lernen durfte, als er fünf Jahre alt war. Ich war mit ihm und seinem Cousin in einem Schwimmbad. Als mein Sohn sah, dass sein Cousin ohne Schwimmflügel ins Bad ging, wollte er auch keine anziehen und sagte zu mir: »Papa, ich kann schwimmen, die brauche ich nicht mehr.« Da mein Sohn bei seiner Mutter lebt und ich ihn einige Wochen nicht gesehen hatte, wusste ich nicht, ob er in der Zwischenzeit vielleicht schwimmen gelernt hatte. Also ließ ich ihn ohne Schwimmflügel ins Bad laufen.

Als sein Cousin dann zielstrebig auf das Sprungbrett stieg und mein Sohn hinterher, erschrak ich kurz, ließ ihn aber gewähren.

In der Sekunde des Erschreckens liefen folgende Gedanken in mir ab: *Kann mein Sohn jetzt schwimmen, ja oder nein? Wenn ja, ist alles gut. Wenn nein, dann weiß ich, dass ich sehr schnell und gut tauchen kann.* Also setzte ich mich abtauchbereit an den Beckenrand und wartete gespannt darauf, dass mein Sohn sprang. Er sprang. Und er konnte nicht schwimmen. Und als ich wenige Sekunden später mit ihm auf dem Arm wieder auftauchte, riss er die Augen auf und sagte: »Papa, klappt doch noch nicht.« Nun wollte ich ihm die Schwimmflügel anziehen, doch er sagte zu mir: »Lass mich noch mal im flachen Wasser probieren.« Als er dort auch wieder unterging, nahm er die Schwimmflügel.

Aber bei seinem nächsten Besuch bei mir konnte er schwimmen.

Er hatte gesagt, er kann schwimmen. Das war die Wahrheit gewesen, auch wenn sein Körper untergegangen war. In seinem Geist war alles zum Schwimmen Erforderliche bereits erlernt gewesen, der Körper konnte es nur noch nicht umsetzen. Gott sei Dank hatte mich der Engel der Erziehung an diesem Tag so liebevoll und deutlich geführt.

Es läuft nie anders. Wenn ich eine Anleitung zum Fahrradfahren gelesen habe, weiß ich, wie es funktioniert, genauer, mein Geist weiß es. Selbst wenn ich erst einmal mit dem Rad umkippe: Ich weiß, wie man ein Fahrrad *bedient*. Und so verhält es sich mit allem, ob wir es nun begeistert aufnehmen, stumpf über uns ergehen lassen oder ablehnen.

Wir wissen es, sobald wir davon erfahren.

.

Wenn ich über Indigos spreche, werde ich häufig gefragt: »Woher weißt du das? Wo steht das geschrieben? Wer hat das gesagt?« Das ist das »Alte«. Gerne gebe ich zur Antwort: »Ich durfte es durchleben und erfahren.« Das ist das »Neue«.

Viele Jahre meines Lebens glichen einer Achterbahnfahrt und waren alles andere als langweilig. Sicher waren sie auch nicht immer leicht. Doch dann tat sich für mich etwas wundervolles »Neues« auf. Ich durfte lernen zu begreifen, warum ich als Legastheniker und ADSler auf diese Erde gekommen bin.

Jetzt weiß ich: Ich bin Legastheniker und ADSler, um Indigos den Weg zum Lernen und Leben zu zeigen. Das ist *meine* Berufung! Ich durfte diese vielen Stationen durchleben, um Erfahrungen zu sammeln!

Einmal wurde ich gefragt: »Was ist, wenn ich meine Berufung nicht erkenne, wenn ich nicht höre, was ich tun soll.« Die Antwort lautet: »Gott ist geduldig. Er sagt es dir immer wieder. Eines Tages wirst du ihn verstehen, und dann fange an!«

Der Verstand hält uns vom Hören ab. Der Verstand ist unser Ego. Er beherrscht uns, und wir dürfen lernen, ihn zu benutzen und nicht mehr von ihm benutzt zu werden. Wenn uns das gelingt, sind wir frei.

Kennen Sie das auch? Für mich ist dieser Weg inzwischen selbstverständlich, und doch schreibe ich immer wieder über mich und meinen Weg. Das mache ich bewusst, denn ich will Sie zu *Ihrem* Weg führen. Wir können unsere Berufung nur in uns selbst finden, aber diese Einsicht wurde uns als kleines Kind oft aberzogen. Deshalb möchte ich bei allem, was ich schreibe, immer wieder Ihr inneres Kind berühren. Je mehr verschiedene Situationen ich schildere, um so größer ist die

Wahrscheinlichkeit, dass auch Ihr verletztes inneres Kind sich angesprochen fühlt.

Ein Teil unserer Berufung liegt allein schon darin, diese Wunden zu erkennen und heilen zu lassen. Je mehr die Wunden heilen, um so mehr lichtet sich auch der Nebel, und unsere Talente kommen ans Licht.

Deshalb schildere ich auch jetzt wieder eine Situation, die ich erlebt habe – mit einem jungen Mann, den ich von frühester Kindheit an kenne. Dieser junge Mann, der kurz vor dem Abitur stand, bat mich, eine Ausarbeitung von ihm über Malaysia zu lesen. Ich möchte diesem jungen Mann in keiner Weise zu nahe treten. Seine Arbeit war den Anforderungen der Schule entsprechend sehr gut.

Was aber hatte er wirklich getan? Der Quellennachweis am Ende war beachtlich groß. Eine solche Ausarbeitung ist lediglich das Zusammentragen und Abschreiben der Meinungen anderer. Es hat nichts mit dem Verfasser selbst zu tun und schon gar nichts mit Lernen und Erfahren. Und doch ist es das, was in der Schule gelehrt wird.

Die Schüler lernen, die Meinungen anderer zu übernehmen, die sie in der Regel nicht einmal kennen. Und damit wird deutlich, wie wichtig es ist, all unser Tun zu überprüfen. Den Weg in die Berufung können wir nur durch Selbstreflexion finden.

Arbeite ich als Indigo in einem Beruf, der nicht meiner Berufung entspricht, sollte ich mir genau anschauen, ob ich ihn wirklich gerne mache. Ich selbst bestimme, ob ich etwas gerne mache oder nicht. Natürlich kann ich auch einfach arbeiten, um meinen Lebensunterhalt zu verdienen. Das nennt man Neudeutsch einen »Job« haben. Dann ist es wichtig, dass ich mir bewusst mache: »Ja, ich arbeite mit Freude, um meinen Lebensunterhalt zu verdienen. Parallel dazu arbeite ich jedoch *an mir* und suche nach meiner Berufung.«

Kommt Ihnen irgendwann eine Ahnung, wie Ihre Berufung aussehen könnte, heißt es zu beginnen. Aber Vorsicht! Gehen Sie behutsam mit sich und Ihrem sozialen Umfeld um, damit es Sie nicht fallen lässt. Wollen Sie Ihre Vorstellungen brachial umsetzen, besteht die Gefahr, dass Sie scheitern. Unsere Mitmenschen sind sehr empfindlich – ebenso sehr wie wir. Und wir sind alle aufeinander angewiesen. *Nur gemeinsam sind wir stark!*

Seine Berufung zu finden, kann viel Zeit in Anspruch nehmen. Vielleicht dauert es Monate, womöglich sogar Jahre. Lassen Sie sich die Zeit. Es ist noch kein Meister vom Himmel gefallen. Entscheidend ist es, seinen Weg nicht aus den Augen zu verlieren.

Bei der Arbeit, zu der wir uns berufen fühlen, erleben wir oft auch Ausgrenzung. Es ist im Prinzip die gleiche Ausgrenzung, die viele Indigos als Kind erfahren haben. Sobald wir unser inneres Kind jedoch angenommen haben, wird es leichter, damit zu leben. Deshalb sollten wir lernen, unser inneres Kind nicht nur anzunehmen, sondern zu *lieben.*

Das alles ist nicht unbedingt leicht, und oft stellen Menschen mir die Frage: »Warum soll ich das überhaupt tun?« Meine Antwort ist einfach: *Wenn wir unserer Berufung folgen, macht uns das glücklich.* Alles geht uns dann mühelos von der Hand. Vielleicht tauchen die gleichen oder ähnliche Probleme wie früher auf, aber wir gehen sie mit Leichtigkeit an und überwinden sie, ohne dass sie uns als Problem erscheinen.

Je mehr wir unsere Ruhe bewahren und unserer Berufung folgen, um so neugieriger werden die Menschen um uns herum. Dadurch laden wir andere ein, unseren Weg mitzugehen.

Sascha, 25 Jahre

»Meine Eltern sind mit Leib und Seele Ärzte und haben eine gut gehende Praxis. Meine Begabungen ließen ein Medizinstudium ohne weiteres zu, aber meine Berufung ist der Naturschutz.

Meine Eltern lassen mich meinen Weg frei gehen, auch wenn sie später keinen Nachfolger für ihre Praxis haben.«

Danke, liebe Mutter!
Danke, lieber Vater!

Indigos im Umgang miteinander

9

In ihrer Kindheit haben Indigos oft tiefe seelische Verletzungen davongetragen, und deshalb ist es für sie besonders wichtig, einen behutsamen Umgang miteinander zu erlernen. Solange ihnen das noch nicht bewusst ist und sie eine solche Haltung noch nicht angenommen haben, verletzen sie sich oft weiter gegenseitig.

Sie haben es ja nicht anders gelernt.

Indigos mit wenigen oder gar keinen seelischen Verletzungen, die andere besonders gern zusammenführen und miteinander versöhnen, werden auch als Kristallmenschen bezeichnet.

Sie leben und arbeiten aus der Leichtigkeit heraus und voller Lebensfreude. Als Kind können sie oft jedoch nicht verstehen, warum sich Indigos manchmal so schwer tun.

Der erste Schritt zu einem verständnisvollen Umgang miteinander besteht darin, einander zu respektieren. Dann kann man erkennen, dass der oder die andere ebenso tiefe seelische Wunden beigebracht bekommen hat. Dabei ist es wichtig, nicht in die Opferrolle zu fallen. Geschieht dies doch einmal – und das wird sicher nicht ausbleiben –, brauchen wir nicht mit uns zu hadern: »Warum ist mir das nun wieder passiert?« Denken und handeln wir lieber nach dem Motto: Gefahr erkannt – Gefahr gebannt. Erkennen ist der Schlüssel zum Verständnis.

Der zweite Schritt zu einem liebevollen Umgang miteinander ist gegenseitige Unterstützung. Das klingt einfach, aber im Grunde haben wir das verlernt. An einem Beispiel möchte ich zeigen, was ich diesbezüglich von meinem Sohn lernen durfte, als er dreizehn Jahre alt war.

An einem unserer gemeinsamen Nachmittage hatte er sich mit zwei Freunden treffen wollen. Zu dritt standen sie am Straßenrand. Ich saß ein Stück weiter weg und habe gelesen. Die Jungs hatten alle ein Skateboard dabei, spielten jedoch nicht. Sie standen einfach nur da. Nach einer Stunde gingen sie wieder auseinander, und mein Sohn kam zu mir. Ich fragte ihn: »Was habt ihr denn da gemacht? Warum habt ihr nicht gespielt?« Er gab mir zur Antwort: »Papa, dem einen Jungen ging es nicht gut. Der hat so viele Probleme mit seinen Eltern zu Hause. Die streiten sich immer. Jetzt geht es ihm aber wieder besser.«

Das hat mich tief berührt. Die Kinder standen einfach nur beisammen, taten nichts und haben kaum ein Wort gesprochen. Sie haben ihre Energien ausgetauscht und sich dadurch gegenseitig gekräftigt. Das ist auch für erwachsene Indigos eine sehr gute Methode.

Ich stehe oft mit einem Büchertisch am Kurhaus von Dangast am schönen Jadebusen an der Nordsee (wo ich auch meinen jetzigen Verleger und seine Tochter Amra kennen lernte). Dort halten sich immer einige Künstler auf, die ihre Werke ausstellen. An meinem Stand bleiben ständig Indigos stehen. Mit einigen spreche ich, andere stehen nur so herum. Wir tauschen uns aus. Wenn ich dann nach Hause komme, bin ich körperlich oft erschöpft, aber seelisch geht es mir wunderbar. Viele kommen immer wieder. Allein das Zusammensein kräftigt uns schon.

Sehr hilfreich für ein gemeinsames Erleben ist es auch, sich zu Gesprächskreisen – so genannten Sharinggruppen – zu treffen. Eine Zeit lang habe ich eine solche Gruppe bei mir zu Hause geleitet. Der Gruppenabend fand einmal im Monat statt, und es konnte kommen, wer wollte. Eine Anmeldung war nicht erforderlich. So war alles ungezwungen und ohne jede Verpflichtung. Manchmal waren wir zu dritt und manchmal zu zehnt. Den Abend leitete ich mit einer kurzen Stille ein. Anschließend bat ich die Teilnehmer, sich mit wenigen Worten vorzustellen und in einem Satz zu sagen, weshalb sie gekommen waren.

In diesen Gesprächskreisen ist es wichtig, dass wir wenig sprechen und uns mehr *spüren*. Nach der

Vorstellungsrunde bitte ich die Teilnehmer immer, wieder in die Stille zu gehen. Einige Minuten später sage ich dann mit ruhiger Stimme: »Wenn einer das Bedürfnis hat, etwas zu sagen, so möge er dies einfach tun.« Wir hören alle zu.

In der Regel beginnt einer, sich zu öffnen, und schüttet das, was seine Seele bedrückt, aus. Als Leiter einer solchen Gruppe ist es wichtig, darauf zu achten, dass das nicht in eine allgemeine Diskussion übergeht. Dann würde die Seele des Sprechenden sich sofort wieder verschließen, und es könnte keine Heilung geschehen. Äußert sich einer zu dem Gehörten, bitte ich die Gruppe, ihre ganze Aufmerksamkeit dem Sprechenden zu widmen und den eigenen Verstand ruhen zu lassen. Der gesamte Raum entspannt sich dann mehr und mehr. Der Sprechende, der anfangs meist noch sehr unruhig war, wird zusehends ruhiger.

Ich selbst bin, wenn jemand spricht, nicht mehr in meinem Verstand und schenke dem Sprechenden meine ganze Aufmerksamkeit. Manchmal kommen dann Worte aus mir heraus, die ich an die Gruppe richte, ohne dass ich darüber nachgedacht habe. Es setzt Heilung ein. Langsam beginnen auch andere Teilnehmer aus der Tiefe ihrer Seele zu sprechen, und der Verstand bleibt immer mehr außen vor. Unsere Seelen beginnen zu kommunizieren, und das ist *Kommunion*. Am Ende eines solchen Abends gehen wir reich beschenkt und erleichtert auseinander. Wir haben gemeinsam Energie aufgetankt und können wieder unserer täglichen Arbeit nachgehen und den Alltag meistern.

Eine solche Gruppe können auch Sie ins Leben rufen! Um sie zu leiten, empfiehlt es sich jedoch, selbst schon als Mitglied einer solchen Gruppe Erfahrungen gesammelt zu haben, damit Sie ein Gespür dafür haben, wann es der Verstand ist, der spricht, und wann die Seele. Schließen sie sich zusammen, *denn gemeinsam sind wir stark.*

Ich empfehle auch, so einen Abend gratis anzubieten und nur ein Sparschwein für Aufwendungen hinzustellen. Bei mir gab es Tee und Wasser, und eine Kerze stand in der Mitte. Die Erfahrung hat auch gezeigt, dass immer genügend Geld für den tatsächlichen Aufwand zusammenkam. Die örtliche Zeitung veröffentlichte den Termin Monat für Monat kostenlos.

Eines möchte ich ihnen jedoch nicht verheimlichen. Manchmal war es für mich schwer auszuhalten, nicht zu wissen, ob überhaupt jemand kommt. Und so saß ich auch schon mal alleine mit meinem Tee. Eine innere Kraft ließ mich aber immer weitermachen, und so entwickelte es sich dahin, dass kein Abend mit immer den gleichen Leuten stattfand, sondern ständig neue Menschen zueinander fanden.

Das ist auch das Geheimnis einer solchen Gruppe. Es gibt viele Gruppen, die sich regelmäßig treffen, und irgendwann brechen sie auseinander. Es wird langweilig. Dadurch, dass es völlig freigestellt ist, wer wann kommt, entsteht eine homogene und lebendige Gruppe.

Ich möchte Sie ausdrücklich ermutigen, eine solche Gruppe ins Leben zu rufen. Sie tut allen Beteiligten gut.

Indigos und Sexualität

Was wäre der Umgang der Menschen miteinander ohne Sexualität? Für Indigos ist das ein besonders wichtiges Thema, denn Sexualität ist für sie oft schwer zu leben. Je mehr Kindheitsverletzungen sie erlitten haben, um so bedürftiger ist ihr inneres Kind. Gehen sie in die Sexualität, meldet sich dieses »Kind« und will geliebt werden.

Wieso äußert sich das innere Kind gerade bei Sexualität? Im täglichen Leben und bei der Arbeit schweigt es meistens, aber in sexuellen Zusammenhängen ist es urplötzlich da. Das liegt daran, dass der spirituelle und der sexuelle Kanal auf das Gleiche hinauslaufen – auf den göttlichen, schöpferischen Kanal. Sobald er sich öffnet, löst sich der Nebel um unser Bewusstsein auf und das innere Kind zeigt sich mit all seinen Verletzungen. Jetzt fordert dieses Kind die Liebe ein, die es in seiner persönlichen Biografie nicht bekommen hat.

Und das alles geschieht in der Regel unterschwellig und wird uns nicht bewusst.

Was geschieht dabei im Austausch mit dem Partner? Unbewusste Verletzungen der inneren Kinder prallen aufeinander, und der eine weist, immer unbewusst, das innere Kind des anderen zurück. Ein stummer Aufschrei ist die Folge, die schmerzhafte Erinnerung an so viele frühere Zurückweisungen. Und wenn ich von meinem Partner nicht bekomme, was ich will, hole ich es mir eben woanders. Das ist *eine* Erklärung für Fremdgehen: die Reaktion eines trotzigen Kindes. Wirklich glücklich kann ein Indigo so nicht werden.

Bei vielen, die ihr Anderssein spüren, ist das Verlangen nach Sex aber gar nicht so stark ausgeprägt. Ich beispielsweise habe die meiste Zeit meines Lebens ohne Sexualität gelebt. Ich hatte wohl viele Partnerschaften, war zwei Mal verheiratet, doch die Zeiten dazwischen lebte ich fast völlig frei von Sex. Und das ist durchaus nicht ungewöhnlich. Auch die vermeintliche sexuelle Freizügigkeit, die heute so oft bei Jugendlichen beklagt wird, der häufige Partnerwechsel, die Irrungen und Wirrungen, die so gern für Schlagzeilen in den Medien sorgen, sind nur die unbewusste Suche nach einer Partnerschaft, die über das rein Körperliche hinausgeht – nach einer anhaltenden *geistigen* Verbindung.

Deshalb können viele Indigos auch ohne Partner glücklich sein. Ihr Kanal ist so oder so offen. Wenn sie in einer Partnerschaft leben, kann der oder die andere dadurch leicht das Gefühl bekommen, nicht begehrt zu werden, und sich zurückgewiesen fühlen. Das alles ist zunächst vielleicht nur ein vager Eindruck, und der Indigo spürt nur

Unzufriedenheit beim anderen. Oft hat das aber zur Folge, dass beide nicht mehr aktiv werden, und dann verschärft sich die Situation immer mehr, bis die Beziehung auseinanderbricht.

Der Umgang mit seiner Sexualität ist immer eine Suche. Deshalb gilt meines Erachtens für uns alle, was der indische Philosophieprofessor und Mystiker Osho sagte:

> Seid, wie ihr seid. Seid homosexuell, seid bisexuell, seid heterosexuell, aber geht über die Sexualität hinaus. Erst dann öffnet sich euch eine Tür, und ihr merkt, dass ihr den Sex gar nicht mehr braucht. Jetzt erst könnt ihr ihn genießen. Ihr seid frei vom Zwang des Sexes.

Im Grunde sehnen sich natürlich alle Menschen nach Nähe, aber die meisten können sie in der Beziehung nicht zulassen. Warum ist das so? Dafür gibt es viele Gründe. Manchmal hängt es damit zusammen, dass solche Menschen, Männer wie Frauen, in ihrer Kindheit Opfer von sexuellen Übergriffen wurden, die sie dann verdrängt haben. Sie mussten sie verdrängen, sonst hätten sie nicht überlebt. Es können auch verbale Misshandlungen gewesen sein, Eindrücke der Not, die mit dem Gegenüber in Verbindung gebracht werden.

Ist man mit einem solchen Menschen intim, öffnet sich der spirituelle Kanal bei beiden, und die Eindrücke und Erinnerungen des einen werden unbewusst auf den anderen projiziert. Dadurch wird die Verantwortung für die kindlichen Erfahrungen, psychische wie physische, auf den aktuellen Partner übertragen. Der Partner weiß nichts damit anzufangen und versteht die Welt nicht mehr. Eine derartige Beziehung ist zum Scheitern verurteilt – es sei denn, wir werden uns dessen bewusst und gehen an die Aufarbeitung.

Das kann nur jeder bei sich selber tun, und dazu lade ich Sie und mich herzlich ein. Es ist so einfach und oft doch so schwer, einfach nur geliebt zu werden und das auch *zuzulassen*.

Indigos und Drogen

Ich selbst habe außer in Bezug auf Alkohol so gut wie keine Drogenerfahrungen. Haschisch habe ich geraucht und auch Opium. Es wirkt bei mir jedoch nicht, und so möchte ich es einem befreundeten Indigo überlassen, seine entsprechenden Erfahrungen zu schildern.

Christian, 30 Jahre
»Als Kind hatte ich in der Schule immer Schwierigkeiten. Man attestierte mir Legasthenie, aber ich wusste, dass das nicht das Entscheidende war. Irgendwie war ich anders, wusste nur nicht, *was* an mir anders war. Ich konnte schon als Kind nichts lernen oder tun, wenn ich keinen Sinn darin sah. Dadurch eckte ich natürlich häufig an, und meine Noten waren niederschmetternd.

Ich hatte und habe zum Glück einen guten Freund, den ich schon seit dem Kindergarten kenne. Er tickt genauso wie ich. Die gesamte Schulzeit haben wir in einer Klasse verbracht, und deshalb habe ich die Ausgrenzungen, wie andere sie erlebt haben, so nicht erfahren. Die Mitschüler waren eher eifersüchtig auf unsere enge Freundschaft.

Dadurch ist mein Selbstvertrauen nicht zerstört worden.

Die Schule verließ ich mit dem Hauptschulabschluss. Danach habe ich alles Mögliche gemacht und ausprobiert. So auch Drogen. Der Zustand, in den ich dadurch gelangte, hat mich immer wieder angelockt. Aber ich merkte auch, dass mein Körper immer mehr Schaden nahm. Meine damalige Freundin, mit der ich heute noch zusammen bin, hat an mich geglaubt, und so kam ich wieder weg von der Droge.

Was hatte mich an der Droge aber dermaßen fasziniert? Die Antwort fand ich erst kürzlich. Ein Freund sagte zu mir: ›Diesen Zustand und das Gefühl, wie wir es bei einigen Drogen erleben, können wir auch ohne Drogen erzielen.‹ Da wurde ich neugierig. Wie sollte das gehen? Als er sagte, ›durch Meditation‹, hätte ich ihn am liebsten rausgeschmissen.

Ich setze mich doch nicht stundenlang hin und summe *Ommmm*.

Da fragte er mich, warum ich so gerne Oldtimer-Autos restauriere, und ich wurde unsicher. Ich dachte: Was will der von mir? Will der mich verar…? Ich konnte es nicht mehr zu Ende denken, denn in dem Moment fiel bei mir der Groschen. Dieser Freund hat für mich einen alten Opel Diplomat gespachtelt und lackierfertig gemacht. Ich hatte ihm meine Kfz-Mietwerkstatt zur Verfügung gestellt, damit er seinen defekten Pkw instand setzen konnte. Zu der Zeit hatte er keinerlei Geld gehabt, um die Nutzungsgebühr zu bezahlen, und so hatte er mir angeboten, dafür die Lackiervorarbeiten an meinem Oldtimer zu übernehmen.

Als er das erste Mal an meinem Oldie arbeitete, wunderte ich mich. Er fing nicht mit irgendwelchen Maschinen an zu schleifen, sondern benutzte nur ein kleines Stück Schleifpapier. Stunde um Stunde schliff er die Ecken und Kanten der ganzen Karosserie von Hand. Jedes Mal, wenn ich zu ihm kam, sah ich aufs Neue, mit welcher Genauigkeit er arbeitete, und war erfreut über die Ergebnisse. Zu diesem Zeitpunkt hatte er mir allerdings noch nichts von Meditation gesagt, und so wunderte ich mich nur über seine Gelassenheit bei einer Arbeit, die ich selbst überhaupt nicht mag.

Heute weiß ich, dass er bei seiner Arbeit meditierte, und ich weiß auch, dass ich nichts anderes tue, wenn *ich* meiner Arbeit an meinem Oldtimer nachgehe. Ich bin dann schöpferisch kreativ, und das ist Meditation.

Wenn ich so arbeite, steht mein Verstand still, und ich lebe aktiv.

Mein Freund hat die gesamte Karosserie gespachtelt, geschliffen und sie mir in einem Zustand hinterlassen, dass ich sie lackieren konnte. Andere Freunde haben sich seine Arbeit angesehen und waren begeistert von diesem präzisen Ergebnis.

Als ich ihn dann fragte: ›Warum machst du das mit so viel Leidenschaft, obwohl du doch kein Geld dafür bekommst?‹, antwortete er mir: ›Wenn ich das Auto später in der Stadt fahren sehe, kann ich mich daran erfreuen. Denn ich weiß, wie es vorher ausgesehen hat. Und ich weiß, dass sich Menschen gemeinsam daran verwirklicht haben.‹

Die Drogen hatten mir einen Einblick in eine mir bis dahin unbekannte Welt eröffnet. Gott sei Dank bin ich nicht an ihnen hängengeblieben, sonst hätte ich diese andere, sehr viel bessere Welt real nicht erfahren können.

Mein Schulfreund und ich sind die einzigen aus unserer früheren Klasse, die heute einen eigenen Betrieb haben. Wir haben uns der Normierung nicht unterworfen.«

Diesem Bericht möchte ich nichts mehr hinzufügen und mich nur noch bei dem Verfasser bedanken.

Indigos und Religion

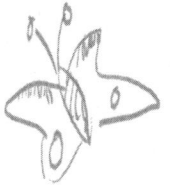

Bis kurz vor Fertigstellung des Manuskripts fehlte dieser Abschnitt über Religion. Ich hatte ihn im Konzept für das Buch vorgesehen, aber alles in mir sträubte sich dagegen, über dieses Thema zu schreiben, und so entfernte ich den Hinweis kurzerhand aus dem Inhaltsverzeichnis und schickte das Manuskript ohne diesen Abschnitt zum Verlag. Aber das Schicksal wollte anscheinend, dass ich darüber schreibe, und es findet immer Mittel und Wege, uns zu führen – in meinem Fall durch ein ganz normales menschliches Erlebnis.

Wenige Tage, nachdem ich das Manuskript abgeschickt hatte, entdeckte ich beim Duschen eine Geschwulst in meiner linken Leiste. Da ein Wochenendseminar bevorstand, beschloss ich, zu meinem Hausarzt zu gehen. Der jedoch konnte mir nicht helfen und überwies mich an einen Chirurgen. Die Praxis liegt drei Häuser weiter, und er meldete mich telefonisch an.

Als ich ankam, war die Praxis bereits leer und der Feierabend schon deutlich spürbar. Eine der Arzthelferinnen trug ein Kopftuch, und auch der Arzt selbst ist Muslim. Ich zeigte ihm die Geschwulst an meiner Leiste, und er sagte: »Legen Sie sich einmal auf die Liege. Das muss ich herausschneiden.«

Mir war klar, dass das nur operativ geschehen konnte. Ich habe zwar nur ein geringes Schmerzempfinden, mag es aber überhaupt nicht, wenn jemand Hand an meinen Körper legt. So lag ich nun auf der Liege, die Lampe war ausgerichtet, die Betäubung gesetzt, das Messer schon in der Hand – und ich bekam Angst.

In diesem Moment ergriff die Arzthelferin meine Füße und sah mich an.

Sie hielt meine Füße ganz ruhig. Von einer Sekunde zur anderen wich meine Angst, und ich schaute in klare und tiefe Indigoaugen. Ich fühlte mich so sicher wie in Abrahams Schoß.

Sie hatte mich geerdet.

Zehn Minuten später ging ich glücklich und zufrieden aus der Praxis und wusste: Das war die Antwort auf meine Frage nach Indigos und Religion gewesen. Auch erinnerte ich mich, dass ich vor dreißig Jahren schon einmal eine Geschwulst an der Leiste hatte, die jedoch mit Antibiotika unterdrückt worden war.

Etwas hatte sich dort abgekapselt, das jetzt meinen Körper verlassen durfte – auf die denkbar lehrreichste Weise.

So führt uns das Leben.

Was hatte ich daraus gelernt? Religionen gibt es seit Menschengedenken, und immer wieder wurden und werden sie missbraucht. Indigos gibt es jedoch in allen Religionen der Welt, und so öffnet sich durch sie eine neue Bewusstseinsebene – *religionsübergreifend.*

Ist es da noch ein Wunder, dass ich als Christ mich unter dem Messer eines Muslim wie in Abrahams Schoß fühlen konnte? Abraham ist der Urvater der Christen wie der Muslime.

Viele Indigos haben ein tiefes Bewusstsein für den Gott der vielen Namen. Oft wird in den Kirchen jedoch nicht wirklich zu Gott gebetet, sondern die Motivation für den sonntäglichen Kirchgang sind Überlegungen wie: »Wir müssen dort hingehen, was werden die Leute sonst von uns denken!« Das fühlen Indigos sofort und sind davon oft angewidert. Auch Gebete wie: »Herr, vergib uns unsere Schuld!«, können sie nicht verstehen.

Am Wochenende wird um die Vergebung der Schuld gebetet und in der Woche munter weiter gesündigt und gelogen.

Jesus, der bei Christen wie bei Muslimen gleichermaßen als großer Prophet gilt, hatte dies erkannt und warf die Heuchler aus den Tempeln: »Ihr Pharisäer und Schriftgelehrten, ihr Philister, raus mit euch aus Gottes Haus!« Hatten wir es dabei – ketzerisch gefragt – nicht mit Bewegungsunruhe und einer kurzen Dauer spontaner Aktivität zu tun? Ich könnte mir gut vorstellen, dass man bei Jesus heute ADHS diagnostizieren würde.

Sobald wir verstanden und vor allem erfahren haben, dass die verschiedenen Religionen lediglich unterschiedliche Leitern zu einer höheren Bewusstseinsebene sind, können Buddhisten, Christen, Hindus, Juden und Muslime wunderbar miteinander leben und sich ergänzen. Ungeachtet der Religion: *Gemeinsam sind wir stark!*

Es gibt überall auf der Welt heilige Frauen und Männer, und überall predigen Menschen das Wort Gottes. Das ist nicht Theologen vorbehalten.

In dem Kloster am See Genezareth, von dem ich in Kapitel vier schrieb, predigte ein Theologe, aber wir beten immer nur zu der einen göttlichen Kraft, ob wir sie Gott, Allah, Jahweh oder Brahman nennen.

Wie sollte es auch anders sein, denn es gibt keinen zweiten Gott. Es gibt nur die Liebe.

Alle Menschen sind Kinder Gottes

10

Kinder dürfen lernen, und wir Erwachsene dürfen als Kinder Gottes ebenfalls lernen, bis zum letzten Atemzug. Wenn wir uns als Kinder Gottes betrachten und wissen, dass wir das ganze Leben Zeit haben, um zu lernen und zu wachsen, wird deutlich, dass wir uns frei entscheiden dürfen.

Wir dürfen die Verantwortung für unser Tun übernehmen. Das führt uns immer wieder an Grenzen, die wir dann überschreiten – und daraus entsteht Wachstum.

Jeder »Fehler«, den wir vielleicht begehen, lässt uns wachsen. Folglich gibt es so etwas wie »Fehler« gar nicht. Wir lernen unser Leben lang, und was noch nicht hinreichend gelernt und verinnerlicht wurde, braucht nur weiter geübt zu werden.

Das Wort »Fehler« hat somit keine Existenzberechtigung. Unser Schulsystem und unsere Gesellschaft zählen »Fehler« jedoch zusammen und beurteilen die Menschen danach. So produzieren wir ständig, seit Generationen, Gewinner und Verlierer. Gewinner sind wir gern, Verlierer weniger gern. Damit haben wir Indigos ein existenzielles

Problem, denn wir wissen tief in unserem Herzen: *Vor Gott sind wir alle gleich.*

Und wenn wir genau und unbeirrbar wissen, dass wir vor Gott alle gleich sind, können wir nicht verstehen, welches gefährliche Spiel die Gesellschaft da treibt. Wir haben ein tief begründetes Gerechtigkeitsinteresse, aber wenn wir uns zu Wort melden, werden wir abgekanzelt. Es geschieht aus Unwissenheit und nur selten mit Absicht.

Und doch geschieht es!

Aber langsam zieht das Wissen um die Gleichheit aller vor Gott und den Menschen auch in unserer von Geiz und Gier beherrschten Welt immer weitere Kreise.

Es ist nur noch eine Frage der Zeit, bis dieses liebevolle Wissen alle erfasst!

Indigos mögen nicht gerne im Mittelpunkt stehen, denn ihnen ist bewusst, dass sie nicht besser und nicht schlechter sind als andere Menschen. Dabei haben sie eine doppelte Funktion für die Gesellschaft. Zum einen fallen sie in unserem System oft unten durch, weil ihr Entwicklungsprozess nicht mit den Vorstellungen der Gesellschaft übereinstimmt, aber gerade das macht sie zu einem Motor der Gesellschaft, zwingt diese zur Veränderung – und zum anderen haben sie oft sehr weit vorausschauende Ideen und Einfälle.

Wenn Indigos diese vorausschauenden Ideen äußern, werden sie von anderen nicht ernst genommen, sondern belächelt. Tritt die Situation, die sie vorausgesagt haben, dann ein, und sie erklären: »Das habe ich doch gesagt, ihr habt ja nicht zugehört«, werden sie als Besserwisser abgetan. Dabei sind ihre Talente ein Geschenk des Himmels.

In der Bibel werden wir eingeladen, unsere Talente zu nutzen, und es wird uns unmissverständlich gesagt, dass sie sonst verloren gehen.

Wie sollen wir Indigos uns denn überhaupt noch verhalten? Alles, was wir tun, eckt irgendwo an, und trotzdem: Wir müssen handeln. In unserem Unterbewusstsein wissen wir um den Auftrag, den wir für das Göttliche ausführen sollen. In unserem Innersten sind wir von Liebe erfüllt und versuchen das Ziel immer mit friedlichen Mitteln zu erreichen. *Wir müssen handeln!*

Friedfertige Menschen finden in unserer Ellenbogengesellschaft erst langsam wieder Gehör. Aber es geschieht: Sie werden gehört. Natürlich geschieht auch das Gegenteil: Der Einzelne wird gedemütigt, ausgegrenzt und zurückgewiesen, und je häufiger das geschieht, desto größer wird die Gefahr, dass er ins Pathologische abrutscht. Wir brauchen nur einen Blick an unsere Schulen zu werfen, wenn wir wissen wollen, wohin die Unterdrückung der neuen Bedürfnisse in einer Gesellschaft führt, die das Neue nur zögernd zulässt.

Aber wir haben nichts falsch gemacht. Als Kinder Gottes dürfen wir lernen und wachsen.

Mehr will die göttliche Kraft von uns nicht!

Da es keine »Fehler« gibt, können wir auch bei der Erziehung unserer Kinder nichts falsch gemacht haben. Wenn wir jedoch erkennen, dass einiges im Umgang mit unseren Kindern und Mitmenschen verbessert werden könnte, dürfen wir auch von uns erwarten, dass wir es umsetzen. Natürlich fällt es uns schwer, alte Gewohnheiten abzulegen, aber wir müssen ja keine Sieben-Meilen-Schritte gehen. Wenn wir es zulassen, werden wir nach jedem noch so kleinen Schritt die Antwort in unserem Herzen erfahren.

Aus eigener Erfahrung weiß ich, dass es nicht möglich ist, dieses Wissen um die Wahrheit zu zerstören. Selbst meine Versuche, es durch Alkohol auszulöschen, blieben erfolglos. Eine Zeit lang bin ich fast daran verzweifelt, aber heute bin ich unendlich dankbar und glücklich, dass die göttliche Kraft das nicht zugelassen hat. Jeden Tag decke ich in kleinen Schritten alte verschüttete Talente wieder auf. Anfangs fiel es mir noch schwer, jetzt ist es zu einer ständigen Reise geworden – die mir unendlich viel Freude bereitet.

So habe ich am eigenen Leib verspürt, dass unser Wissen nicht im Gehirn gespeichert ist, sondern in allen Körperzellen. Man kann sich nicht den Verstand »wegsaufen«. Unser Gehirn ist die Schaltstelle, in der das Erfahrene verarbeitet wird, und von dort wird es in unsere Zellen weitergeleitet. Da unser Gehirn derart überdimensioniert ist, lassen sich die Nervenzellen, die durch Alkohol zerstört wurden, durch andere ersetzen. Es werden sogar verborgene Talente aufgedeckt, wenn neue Nervenbahnen entstehen.

Für mich wird dadurch deutlich, wie sehr die göttliche Kraft uns liebt und dass sie nicht nachtragend ist. Selbst meine Weigerung, meine Talente anzunehmen, und meine vielen Versuche, mein Wissen durch Alkohol zu zerstören, haben den Einfluss des Göttlichen nicht mindern können. Eine ganze Weile habe ich es mir allerdings selbst vorgeworfen, bis ich irgendwann merkte, dass die göttliche Kraft das nicht will. Wir haben es als Menschen schon schwer genug auf der Erde. Wir wollen immer perfekter sein und erwarten dieses Perfekte auch von unseren Mitmenschen und unseren Kindern.

Dabei sind wir die Einzigen, die das von uns erwarten!

Diese universelle Lebenskraft, die wir auch Gott nennen können, wünscht sich nichts mehr, als dass wir Menschen in Freude und Leichtigkeit leben und begreifen, dass wir zum Üben und Lernen auf der Erde sind. Indigos, Legastheniker und ADSler haben ihre Talente von dieser Lebenskraft erhalten, haben das Geschenk bekommen, mühelos und ohne jede Anstrengung zu lernen. Es ist uns allerdings nicht mehr möglich, mit Anstrengung zu lernen und zu arbeiten. Deshalb scheitern auch noch so viele Indigos in diesem System.

Noch scheitern viele, aber nicht mehr lange. Es gibt schon so viele Menschen mit diesen Talenten, dass selbst die verstocktesten Wissenschaftler sich nicht mehr davor verschließen können. Es sei denn, sie wollen sich selbst ins Abseits befördern.

Aber Talente lassen sich nicht nur mit Alkohol verdecken, und das ist ganz entscheidend bei Indigo-Kindern. Auch andere Einflüsse schaffen das. In ihrem Innersten haben diese Kinder ein herrliches Gottvertrauen und sind frei von Angst. Wenn wir als Erwachsene – aus lauter Angst – zu vorsichtig mit ihnen umgehen, überträgt sich diese Angst auf die Kinder. Das Gleiche gilt für alle anderen Emotionen wie Zorn, Hass, Neid und Missgunst. Sie legen sich genauso auf die Talente der Kinder wie bei den Älteren der Alkohol.

Es gibt nur einen kleinen, aber entscheidenden Unterschied. Das Glas Alkohol nimmt der Mensch selbst in die Hand und trinkt es. Wenn er es unterlässt, hebt sich der Schleier wieder. Warum trinkt ein Alkoholiker dann immer weiter? Weil der Alkohol-Schleier über seinen Talenten sich lichtet, wenn er nicht trinkt. Aber an Stelle der Talente erscheint ein anderer Schleier, der Schleier der Emotionen, und der ist wesentlich schmerzhafter.

Das Fatale ist, dass der Schleier der Emotionen dem Trinker von Außen auferlegt wurde, ohne sein Zutun. Dadurch ist es oft besonders schwer, diesen Schleier aufzulösen. Oft bemerken die Eltern oder die Mitmenschen, die das erlebt haben, erst sehr viel später, dass etwas schiefgelaufen ist. Um das Kind oder den Erwachsenen nicht noch mehr zu verletzen, wird dann oft über das Vorgefallene geschwiegen. *Dieses Schweigen ist jedoch genau falsch.* Es schützt nicht, sondern erschwert noch die Möglichkeit, den Schleier jemals wieder aufzulösen. *Dann muss über das Geschehene erst recht gesprochen werden.*

Nichts geschieht grundlos. Es gibt für alles einen Grund, den wir oft erst im Nachhinein erkennen. Da alle Menschen zum Lernen auf dieser wunderschönen Erde sind und wir als Kinder Gottes ja keine Fehler machen können, sondern eben immer nur weiter dazulernen, dürfen wir auch mutig über alles Geschehene sprechen.

Übrigens: Was ich über Alkohol geschrieben habe, trifft meines Wissens nach auf alle Drogen zu, und Ritalin ist nichts anderes als eine Droge.

Dem Minotaurus in uns begegnen

11

Hilfe zuzulassen fällt Indigos häufig schwer. Oft bitten wir jemanden erst gar nicht um seine Hilfe, sondern geben uns die Antwort gleich selbst, nach dem Motto: »Der hilft mir sowieso nicht!« oder »Das weiß ich besser! Was will der schon!« oder »Das habe ich aber anders gelernt. Was der sagt, ist falsch.« Es gibt unzählige Beispiele dafür.

Wenn wir uns dem Neuen öffnen, begegnen wir unweigerlich dem Minotaurus in uns, jener Gestalt mit menschlichem Körper und dem Kopf eines Stiers, die zugleich ein Sinnbild der Orientierungslosigkeit ist. Wie er müssen wir erkennen, dass unsere Ansichten sich verändern und sich auch verändern dürfen, ja mehr noch: sich verändern sollen.

Indigos können im Prinzip nur ohne Anstrengung und mit Leichtigkeit lernen und arbeiten. Dabei sind wir alle in einem System aufgewachsen, das auf Anstrengung, Konzentration und Leistung beruht. Kürzlich sagte eine Lehrerin im Gespräch zu mir: »Ein bisschen Anstrengung hat noch niemandem geschadet.« Genau das ist der Minotaurus in ihr, den sie überwinden darf. Indigos *können* nicht mit Anstrengung lernen, selbst wenn sie es wollten. Es geht einfach nicht.

Sie wissen aber, dass sie aus der Leichtigkeit und dem Spielerischen heraus lernen und arbeiten können, und das erheblich schneller.

Ich möchte Ihnen ein Beispiel dafür geben, wie sich eine solche Situation bei einem Erwachsenen anfühlen könnte. Stellen Sie sich vor, ein Geschäftsmann muss dringend von Europa in die USA. Er sucht ein Reisebüro auf und fragt nach einer geeigneten Möglichkeit. Die Dame, die ihn berät, antwortet freundlich: »Mein Herr, das nächste Segelschiff geht in vier Wochen ab Hamburg.« Der Geschäftsmann versteht die Welt nicht mehr und denkt sich: *Will die mich verschaukeln?*

Nichts anderes geschieht bei Indigos – mit einem entscheidenden Unterschied. Der Geschäftsmann geht kopfschüttelnd aus dem Reisebüro und denkt sich: *Die lebt ja im falschen Jahrhundert.* Indigo-Kinder sind von Eltern und Lehrern abhängig. Sie können nicht einfach weggehen und einen anderen Weg beschreiten.

Wenn diese Kinder den Kopf schütteln und sagen, die Erwachsenen leben ja im falschen Jahrhundert, werden sie als aufsässig und schwer erziehbar eingestuft. Der Geschäftsmann kann den Stress, den er im Reisebüro erfahren hat, beim Verlassen des Reisebüros durch Kopfschütteln und einen Satz wie »Die spinnt ja« sofort wieder abbauen.

Kinder müssen schlucken. Erst den Stress und dann Ritalin.

Daran wird deutlich, wie wichtig es für die Neuen Kinder und die erwachsenen Indigos in dieser Gesellschaft ist, dass wir alle uns unserem Minotaurus stellen.

Der Minotaurus ist der griechischen Mythologie nach ein Zwitterwesen, halb Mensch, halb Tier. Wir alle wissen, wie gut es tut, wenn wir unsere Zwitterhaftigkeit ablegen und einen geraden Kurs fahren können.

Der Sage nach wird der Held Theseus sehr reich belohnt, nachdem er den Minotaurus besiegt hat. So war ihm versprochen worden, dass er Ariadne, die Tochter des Königs, zur Frau bekäme. Ariadne war es auch, die Theseus den Faden gab, damit er aus dem Labyrinth (des Lebens) wieder herausfand. Sie wartete und hoffte demnach darauf, dass Theseus den Minotaurus besiegte, was ja auch geschah. Dann wurde sie seine Frau.

Der Verlust der Zwitterhaftigkeit, die Entscheidung für einen klaren Weg, bringt uns also ein Geschenk – und dieses uns versprochene Geschenk reicht uns den Faden, dem wir folgen sollen.

Bei jedem Menschen sieht dieses Geschenk, das uns versprochen wurde, anders aus. Das Schwierige ist, dieses Geschenk als solches zu erkennen – und es auch als Geschenk anzunehmen. Mir persönlich ist kein Mensch bekannt, der sein Geschenk auf

Anhieb erkannt hätte und es dann gleich als seinen Lebensweg begreifen konnte.

Bei mir hat es siebenundvierzig Jahre gedauert, bis ich endlich begriff, dass das Talent der Legasthenie mein Geschenk ist, und es dauerte noch einmal ein Jahr, bis ich bereit war, dieses Geschenk auch ganz anzunehmen.

Mein persönlicher Ariadne-Faden ist die Arbeit mit legasthenisch talentierten Menschen und Indigos.

Die andere Begegnung

12

Unser gesellschaftliches System war bisher so aufgebaut, dass

- die Kinder von den Eltern lernen
- die Kinder von den Lehrern lernen
- der Arzt den Patienten heilt
- der Therapeut den Klienten auf seinen Weg führt.

Das ist so nicht mehr möglich, und Gott sei Dank bewegt sich da auch schon einiges.

Die Begegnungsart der Zukunft ist die Begegnung *mit* der Zukunft. Alles »Neue« kommt durch Kinder auf diese Erde. Alles Wissen und alle Weisheit, die die Menschheit für ihre Zukunft braucht, sind schon auf der Erde.

Wir müssen sie nur sich entwickeln lassen und ans Licht führen.

Bei der neuen Art der Begegnung und des Lernens steht die Wechselseitigkeit im Zentrum:

Kinder lernen von den Eltern	⊱⊰ Eltern lernen von den Kindern
Kinder lernen von den Lehrern	⊱⊰ Lehrer lernen von den Kindern
Patient lernt vom Arzt	⊱⊰ Arzt lernt vom Patienten
Klient lernt vom Therapeuten	⊱⊰ Therapeut lernt vom Klienten

In diesem Zentrum entsteht wahres Wachstum!

Ich höre immer wieder Menschen sagen: »Mit der Diagnose des Arztes bin ich nicht zufrieden, ich werde einen zweiten konsultieren.« Das kann ich gut verstehen, und ich möchte Ihnen in diesem Zusammenhang ein eigenes Erlebnis schildern.

Vor fünfundzwanzig Jahren war ich mit einem Jeep in schwerem Gelände unterwegs. Ich schlug mit schräg gehaltenem Kopf unter die Decke des Autos. Der Schmerz war nahezu betäubend, und ich wusste sofort, dass etwas Schlimmes passiert war. Da ich aber nicht das Bewusstsein verloren hatte und mich auch noch bewegen konnte, sagte der Arzt im Krankenhaus zu mir: »Stellen Sie sich nicht so an. Auf dem Röntgenbild ist nichts zu sehen.«

Gott sei Dank gab er mir wenigstens eine Halskrause.

Mein Hausarzt schrieb mich dann eine Woche krank, und anschließend ging ich wieder zur Arbeit – und das bei einem glatten Bruch des zweiten Halswirbels!

Zwanzig Jahre später ließ ich meine Wirbelsäule nämlich ganz röntgen, und der Arzt erklärte mir, dass der zweite Halswirbel früher einmal gebrochen war. Für mich als Laie ist die zusammengewachsene Bruchstelle deutlich sichtbar, aber noch deutlicher spürbar.

Mein Schutzengel muss wirklich Überstunden gemacht haben.

Aber es geht mir nicht darum, hier medizinische Horrorgeschichten zu erzählen; man könnte sicher ein ganzes Buch damit füllen. Ich will nur zeigen, dass auch der Arzt vom Patienten lernen muss, selbst wenn der Patient kein Medizinstudium absolviert hat. Ich hatte beteuert, dass etwas Schlimmes geschehen sein musste! Ich hatte es am ganzen Leib gespürt!

Woher ich das wusste? Niemand kennt den eigenen Körper besser als der Patient selbst. Der Arzt kann einen begleiten, aber der Patient ist für die Heilung zuständig.

Dass unser Gesundheitssystem in der bisherigen Form am Ende ist, wird immer deutlicher. Und das ist durchaus gut so. Es entsteht Raum für das »Neue«, und wir alle dürfen daran teilhaben und gemeinsam mit den neuen Möglichkeiten wachsen.

Eine befreundete Ordensschwester, die viele Jahre als Kinderärztin gearbeitet hat, sagte einmal zu mir: »Ich durfte so viel von den Kindern in meiner Praxis lernen und bin so dankbar dafür.« In diesem einen Satz wird deutlich, dass der Arzt vom Patienten lernen soll, aber auch der Erwachsene vom Kind. Je mehr Menschen so deutliche Aussagen treffen, um so müheloser wird künftig jeder Einzelne in die Eigenverantwortung wechseln können.

Der Zen-Meister Roshi Yamada sagte einmal über den Jesuitenpater Hugo M. Enomiya-Lassalle: »Im Zen ist er mein Schüler, als Mensch ist er mein Lehrer!« Eine solche Aussage zeigt jemandes wahre Stärke. Wenn ein Arzt sagt: »Stellen Sie sich nicht so an«, zeigt das die Angst und Unsicherheit des Arztes, vielleicht einen Fehler zu begehen. Er unterstellt ja noch aus den Erfahrungen seiner Kindheit, dass Fehler bestraft werden.

Ich hoffe, es ist in diesem Buch deutlich geworden, dass wir uns von dem alten negativen Gesellschaftssystem, das nach Fehlern sucht, nicht nur verabschieden *müssen* – wir verabschieden uns *unwillkürlich* davon.

Es gibt keine Alternative zu dem neuen Weg.

Indigos beschreiten diesen neuen Weg, und dieser Weg wird über kurz oder lang die gesamte neue

Gesellschaft prägen. Indigos – Kinder wie Erwachsene – lassen nicht mehr alles mit sich machen, wie frühere Generationen. Sie rebellieren so lange, bis die alten Strukturen begriffen haben, dass es nur den Weg der bedingungslosen Liebe gibt.

Ist es nicht großartig, dass wir das erleben dürfen?

Sie erinnern sich, dass Indigos und Legastheniker nur ohne Anstrengung lernen. Was können wir Erwachsene daraus lernen?

Die Antwort liegt auf der Hand: Wir müssen ihnen auf ihrem Weg folgen.

In den letzten einhundert Jahren sind so unendlich viele technische Fortschritte erzielt worden, die uns das Leben erleichtern können. Und was machen wir? Wir fordern von uns selbst und vor allem von unseren Mitmenschen Leistung, Leistung und nochmals Leistung. Wenn ein Kind im Matheunterricht das Ergebnis gleich nach der Aufgabenstellung weiß, den Rechenweg aber nicht aufzeigen kann, sagen wir: »So geht das nicht, du musst mir schon erklären können, wie du das machst.« Da diese mentalen Rechenvorgänge aber oft so schnell ablaufen wie in einem Computer, können viele Kinder das nicht.

Warum lassen wir den anderen Rechenweg nicht einfach gelten, auch wenn wir ihn nicht nachvollziehen können? Warum verzichten wir nicht einfach auf Kontrolle und genießen das richtige Ergebnis des neuen Wegs? Die Funktionsweise eines Computers können schließlich auch nur Spezialisten, wahre Spezialisten verstehen. Wir fragen nicht weiter danach. Warum müssen unsere Kinder sie uns dann erklären können? Warum machen wir uns das Leben so schwer? Und warum machen wir es unseren Kindern so schwer?

Diese Angst vor dem Verlust von Kontrolle brauchen wir doch wirklich nicht zu haben.

Wenn wir jetzt nicht auf allen Ebenen einlenken und einen neuen Umgang mit den Menschen und der Welt – mit uns selbst – erlernen, werden in Zukunft nicht mehr die Kinder ihre Eltern begraben, sondern die Eltern ihre Kinder.

Was für ein Glück, dass es keine Alternative zu einer besseren Zukunft gibt.

Mut und Hoffnung

13

Wir sind nun am Ende dieses Buches angekommen, und ich hoffe, dass die darin enthaltenen Informationen und Anregungen Sie und Ihr Leben und vor allem das Leben Ihrer Schutzbefohlenen dauerhaft bereichert haben.

Vertrauen Sie auf den neuen Weg, wie auch immer er sich für Sie im Einzelnen darstellen mag. Sie dürfen diesen neuen Weg mutig gehen, auch wenn er Ihnen hin und wieder noch schwer fallen wird. Sie sind nicht allein. Es gibt inzwischen viele Hunderttausende, ja Millionen von Menschen, denen es genauso geht wie Ihnen und mir.

Niemand verlangt von uns, dass wir von heute auf morgen mit dem »Neuen« richtig umgehen. Auch unsere Kinder nicht. Wenn wir beginnen, auf sie zuzugehen, so spüren diese hochsensiblen Menschen das sofort und können sich uns wieder mehr öffnen. Die Sprache des Herzens können sie verstehen, die Sprache des Verstandes nicht.

Wer einmal die Erfahrung gemacht hat, ein solches Kind mit dem Herzen erreicht zu haben, der wird von alleine alles daran setzen, diesen Weg zu lernen und zu gehen.

Wenn Sie wollen, können Sie auch professionelle Hilfe in Anspruch nehmen. Es gibt bereits viele erwachsene Indigos, die Ihnen gerne weiterhelfen. Jeder Therapeut, der gelernt hat, Indigos zu verstehen, kann Sie unterstützen. Ein Therapeut, der Begleiterscheinungen unserer neuen evolutionären Entwicklung wie ADS, ADHS oder Legasthenie, um nur einige zu nennen, als Behinderung ansieht, der kann diesen Kindern nicht helfen und auch erwachsene Indigos nicht verstehen. Er wird die Situation nur noch verschlimmern.

Es ist wie mit dem Echo: Rufe ich *Behinderung,* so schallt mir *Behinderung* entgegen. Rufe ich *Lernschwäche,* so schallt mir *Lernschwäche* entgegen. Rufe ich *Talent,* so schallt mir *Talent* entgegen. Unendlich viel Talent.

Und rufe ich *Liebe,* so schallt mir *Liebe* entgegen.

Mein Verleger schilderte mir kürzlich eine Erfahrung in einem Seminar, das er in Frankfurt besuchte. Die Teilnehmer teilten einander, jeweils reihum voreinander stehend, ihren allergrößten Wunsch mit, und ein junger Mann war dabei, der sagte: »Ich lasse Nähe zu.« Es gab niemanden unter den achtzig Teilnehmerinnen und Teilnehmern, der ihn nach diesen Worten, vor ihm stehend, nicht spontan umarmte.

Die Wandlung von der Belastung zum reichen Geschenk ist möglich, und ich wünsche sie Ihnen von ganzem Herzen.

Fürchten sie sich nicht vor dem Neuen, geschweige denn vor veränderten Wahrnehmungen. Sie sind von Gott gewollt, sonst hätte er sie nicht erschaffen. Sie sind ein Ausdruck der göttlichen kosmischen Kraft und unserer neuen energetischen Verhältnisse in einer Welt, die immer feinstofflicher wird.

Die Technik von heute ist die Mystik von gestern, und die Mystik von heute ist die Technik von morgen.

Ich möchte noch eine wundervolle Erfahrung mit Ihnen teilen. Immer wieder begegnen mir junge erwachsene Indigos, die überhaupt nichts von Indigo-Kindern wissen. Ich brauche mit ihnen dann kein Wort zu wechseln, unsere Herzen sprechen zueinander.

Das ist für mich inzwischen die schönste Art von Glück, eine ganz einzigartige Nähe. Und es gibt schon wesentlich mehr Indigos, als wir es überhaupt ahnen.

Wenn Sie Lust haben, suchen Sie nach ihnen, und wenn Sie mit dem Herzen nach ihnen suchen, dann lassen sie sich auch finden – und der Verstand kann sich ausruhen.

Empfehlenswerte Bücher

Ronald D. Davis: **Legasthenie als Talentsignal**
Lernchance durch kreatives Lesen
Droemer-Knaur-Taschenbuch, München 2001

Ronald D. Davis: **Die unerkannten Lerngenies**
Mit der Davis-Methode Lernstörungen beheben
Ariston-Verlag, Hardcover; München 2004

Hugo M. Enomiya-Lassalle: **Kraft aus dem Schweigen**
Einübung in die Zen-Meditation
Patmos-Verlag, Paperback; Düsseldorf 2005

Frédérick Leboyer: **Geburt ohne Gewalt**
Kösel-Verlag, Paperback; München 2007

Jacques Lusseyran: **Das wiedergefundene Licht**
Die Lebensgeschichte eines Blinden im französischen Widerstand
dtv-Taschenbuch; München 1992 ff.

Weitere Bücher und CDs zu den Themen
Indigo-Erwachsene, Kristallmenschen und neue
Kindergenerationen finden Sie auf
www.amraverlag.de.

Fordern Sie ein aktuelles Gesamtverzeichnis an unter:
info@amraverlag.de.

Indigo-Erwachsene

Wegbereiter einer neuen Gesellschaft

Sind Sie eine Indigo-Seele
und wissen es nicht?

Eine Leseprobe aus dem Buch
von Kabir Jaffe & Ritama Davidson

AMRA

Die Natur der Indigoseelen

Als Indigoseele verfügst du über eine grundlegend andere innere Qualität des Denkens und Fühlens und der Energien, die du in dir trägst. Diese Unterschiede sind eine Quelle großer Hoffnungen und Möglichkeiten für die Welt und für die Zukunft. Du hast einen Sinn für Werte, eine Vision mit Potenzial, gehst empfindsam und repektvoll mit dem Leben um, und du hast ein Gespür für wechselseitige Verbundenheit, die zu einer bejahenden Lebenseinstellung in Würdigung und Unterstützung aller Lebewesen führt. Da wir als Seelengruppe mehr Einfluss auf die Welt und ihre Strukturen haben, werden wir grundlegende Veränderungen in der Gesellschaft hervorbringen.

Freiheit

Zu den wesentlichen Qualitäten von Indigoseelen gehören Freiheitsgefühl, Vision, Wahrhaftigkeit, das Bedürfnis zu wachsen, Sensibilität, Eingebundensein, ganzheitliche Wahrnehmung und Zentriertheit auf das Herz.

Lasst uns diese Qualitäten einmal genauer betrachten, beginnend mit dem Freiheitsgefühl.

Das Freiheitsgefühl ist wahrscheinlich eine der grundlegenden Qualitäten von Indigoseelen. Du bist mit einer inneren Stimme und einem Rhythmus des Seins verbunden. Du hast ein starkes Gespür für dich selbst und dafür, wer du bist.

Und deshalb fällt es dir schwer, darauf zu hören, was andere dir sagen, dass du tun oder lassen solltest. Du bist auf dieses innere Leben eingestimmt und folgst ihm leichter als den äußeren Stimmen der Gesellschaft oder den Stimmen von anderen in deiner Umgebung. Somit könnte man dich in vielerlei Hinsicht einen »rebellischen Geist« nennen. Es ist nicht so, dass du aktiv rebellisch bist um der Rebellion willen; es ist eher so, dass du nicht einer Sache folgen willst, die das Leben einschränkt. In dir herrscht ein starker Widerwille dagegen, von außen kontrolliert, eingeschränkt oder bedrängt zu werden. Und wenn dem so ist, kämpfst du dagegen an.

Dieser Kampf in dir ist interessant. Er kann die Form äußerer Rebellion annehmen oder zu einem unnachgiebigen »Nein-Sagen« führen. Oft nimmt er auch subtilere Formen an – ein inneres »Nein«, auch wenn du im Außen »Ja« sagst. Der erste Typ, der offensichtliche »Nein-Sager«, bleibt oft in dieser Rebellion stecken und kann viel Energie darauf verwenden, für seine »Rechte« oder seine Grenzen zu kämpfen oder die gerechte Sache, die gerade in seinem Aufmerksamkeitsbereich liegt. Wenn du in diese Kategorie fällst, dann ist es deine Aufgabe, Flexibilität zu lernen, dich manchmal zurückzunehmen und zu lernen, auf harmonische Weise Kompromisse zu schließen. Aus energetischer Sicht musst du dein Herzchakra aktiver auf die Beziehungen und die Welt um dich herum ausrichten und deinen Solarplexus herunterfahren. Das ist gar nicht so leicht, weil du dich sehr stark darüber definierst, »gegen etwas« zu sein oder dich »für« etwas anderes einzusetzen.

Der zweite Typ, der innere Nein- und äußere Ja-Sager, muss sich einer grundlegend anderen Herausforderung stellen. Das betrifft die Mehrheit der Indigoseelen. Wenn du dazu gehörst, bist du im Grunde ein freundlicher Mensch. Du bist nicht im Solarplexus zentriert (der Krieger, der Kämpfer, der Wettstreiter), in dem die vorhergehende Seelengruppe ihr Hauptkraftzentrum hat, die den größten Teil der heutigen Menschheit ausmacht; du bist im Herzen zentriert. Dadurch bist du respektvoller und sanfter, du willst keinen Konflikt und versuchst ihn zu vermeiden. Das führt zu einer deiner wichtigsten Herausforderungen: In dem Versuch, Konflikte zu vermeiden, willigst du oft in Dinge ein, mit denen du nicht einverstanden bist oder mit denen du dich nicht wohl fühlst. Du gehst Kompromisse ein. Es entsteht eine Spaltung in dir, eine Trennung zwischen dem, was du im Äußeren sagst und tust, und dem, was du im Inneren denkst und fühlst, deinem tieferen Wissen, deinem Wahrheitsempfinden.

Das ist einer der Bereiche, in denen du als Indigoseele Herausforderungen erlebst. Die heutige Gesellschaft ist noch auf dem Fische-Zeitalter aufgebaut. Eine der Kehrseiten dieses Zeitalters ist die Vorherrschaft von Masken und Rollen, die unsere inneren Gefühle und die tiefere Wahrhaftigkeit verstecken. Und wie wir alle musst auch du mit anderen Menschen auskommen; du hast grundlegende Bedürfnisse nach Sicherheit, Liebe und Kommunikation, die erfüllt werden müssen. Das Ergebnis ist, dass du schließlich Rollen spielst oder Masken trägst, die für das Überleben in dieser Gesellschaft notwendig sind.

Aber diese Masken fühlen sich nie richtig an. Diese Rollen sind zu einschränkend.

Manche Indigoseelen bekommen das hin und können gleichzeitig mit ihrem Wesenskern in Verbindung bleiben. Aber viele von euch verlieren den Kontakt zu ihrem tieferen Selbst. Du passt dich an – doch nun entsteht eine Spaltung, und dein Wesenskern zieht sich zurück. Das Ergebnis ist, dass du in einer andauernden Identitätskrise lebst. Du spielst vielleicht die Rolle, fühlst dich jedoch nie wirklich wohl darin, oder du funktionierst vielleicht sogar gut in dieser Rolle (weil du sehr schlau und kreativ damit umgehst), aber irgendwie wirst du davon nicht richtig genährt.

Viele von euch nehmen eine Rolle an, weil es notwendig ist, doch darunter kämpft euer rebellischer Geist gegen deren Falschheit und Beschränktheit und sabotiert sie vielleicht.

Das ist für zahlreiche Indigoseelen ein großes Thema: Wie sabotierst du die Rollen oder Situationen, in denen du dich befindest?

Aufgrund all dieser Dynamiken mit falschen Rollen, Masken und Identitäten haben viele Indigoseelen mit ihrer Identität in der Gesellschaft, mit Erfolg und äußerlichen Errungenschaften zu kämpfen. Entweder kannst du die Rolle nicht spielen, oder du kannst keine Rolle finden, die du bereit bist zu spielen – oder du spielst eine Rolle, bekämpfst und sabotierst sie jedoch. Eine der grundlegenden Lernaufgaben für Indigoseelen besteht also darin, die für sie richtige Bedeutung von Freiheit und Individualität zu finden.

Das spielt sich auf unterschiedlichen Ebenen ab:

• Es gibt die Freiheit »gegen« etwas und die Rebellion »gegen« etwas. Beispielsweise bin ich vielleicht gegen eine unterdrückende Gesellschaft, oder ich bin gegen autoritäre Kontrolle. Das ist die erste Ebene.
• Die nächste Ebene ist anders: Statt Freiheit »gegen« geht es um Freiheit »für«. Das hat damit zu tun, was du wertschätzt. Statt gegen etwas zu sein, strebst du danach, etwas Neues zu erschaffen, das für dich einen Wert hat. Du lebst für deine Vision.

- Letztlich gibt es sogar noch eine höhere Ebene von Freiheit – die Freiheit, dein wahres Selbst zu sein. Das ist die Freiheit von den beschränkenden Aspekten deiner Persönlichkeitsstruktur. Dann bist du, unabhängig von den Beschränkungen der äußeren Welt, die immer einengend sein wird, frei in deinem Bewusstsein.

Indigoseelen sind Visionäre

Eines der wichtigsten Themen, das in Indigoseelen anklingt, ist die Vision. Du spürst tief in dir etwas »Neues«, etwas, von dem du das Gefühl hast, dass es ein »besserer Weg« ist, ein lebensbejahender Weg. Du sehnst dich nach größeren Möglichkeiten. Wahrscheinlich hast du schon in deiner Jugend entsprechende Möglichkeiten gesehen. Vielleicht hast du als Kind immer gefragt: »Warum sollen wir das so machen? Es kommt mir einschränkend vor, es erscheint mir nicht respektvoll, warum?« Du wusstest, dass es einen besseren Weg gibt. Du hast es gespürt.

Und es gibt einen besseren Weg!

Du wurdest vielleicht nicht darin unterstützt, wenn du davon sprachst. Vielleicht hast du dich gefühlt wie ein einsamer Rufer in der Wüste, so dass du vielleicht verlernt hast, deinen Einsichten zu vertrauen, aber wie wenig du ihnen auch vertraut und wie sehr du auch gegen sie angekämpft hast, sie verschwanden nicht. Das ist der Geist des Neuen, der dich ruft.

Manchmal sehen wir das Neue nicht, wir sind nur frustriert über das Alte. Wir wissen nicht, was das Neue ist, wir fühlen uns einfach nur eingesperrt, rastlos, unzufrieden. Du schaust dir die Gesellschaft an, ihre Institutionen, Organisationen und die Art, wie Beziehungen geführt werden, und du bist dir der Grenzen und Einschränkungen dieser Formen sehr bewusst. Es ist gut, dass du das siehst, denn es bewahrt dich davor, dich in diesen kollektiven Formen zu verfangen und zu verstricken. Aber es kann für dich auch zerstörerisch sein. Dein Verstand kann sich in einer Negativ-Schleife verfangen. Dann siehst du, was falsch ist, hältst aber nicht danach Ausschau, was richtig gemacht werden könnte. Du fokussierst dich dann auf das Problem, statt die Lösung zu sehen.

Wenn das auf dich zutrifft, lade ich dich ein, etwas tiefer zu schauen. Deine Unzufriedenheit kommt daher, dass ein Teil deines Geistes eingesperrt ist und nicht fließt. Du spürst, dass es da etwas Besseres, Freieres, Befreiteres, Lebensunterstützenderes gibt. Deine Herausforderung besteht darin, nach den neuen Möglichkeiten Ausschau zu halten und danach, was der nächste und bessere Schritt ist: deine Vision zu finden und dann zu handeln und kreativ zu werden, sie zu kommunizieren und deine Vision auszudrücken. Das ist eine große Herausforderung. Es ist eine der größten Herausforderungen, deinem Herzen zu folgen, deiner Vision und deinem Geist, besonders, wenn du auf Unverständnis oder unverblümte Ablehnung von anderen stößt. Wenn du deine Vision zum Ausdruck bringen willst, wirst du in so vieler Hinsicht kurz gehalten. Vielleicht sagt man dir Dinge wie: »Hör auf zu träumen«, »Das ist doch unrealistisch«, »Bleib auf dem Teppich«, »Das sind doch Fantastereien«, »Sei nicht so naiv« … Verbal oder non-verbal werden dir so viele negative Botschaften mitgeteilt. Hin und wieder bekommst du Unterstützung und findest Resonanz, aber zum größten Teil eben nicht.

Erinnere dich daran, dass du als Botschafter der Veränderung hier bist. Du bist hier, um damit anzufangen, etwas Neues zu leben und zu verkörpern – in deinem eigenen Leben, auf deine eigene Art. Und du bist hier, um das auf respektvolle Weise anderen mitzuteilen. Das erfordert Mut.

Helle Seelen, visionäre Seelen haben sich schon immer inkarniert. Das sind die Seelen, die auf dem Scheiterhaufen verbrannt, die von der Inquisition verfolgt wurden. Im kollektiven Gedächtnis der Menschen existiert also eine tiefe Angst vor der neuen Vision, die du in dir trägst. Diese Angst vor Verfolgung sitzt tief in deinen Zellen. In vielerlei Hinsicht ist dies eine der größten Ängste, die du überwinden musst. Deine Vision und deine Wahrheit waren in der Vergangenheit lebensbedrohlich, und dein Schutzsystem fühlt sich hochgradig von ihnen bedroht.

Und doch leben wir jetzt wahrscheinlich – zumindest in der westlichen Welt – in der offensten und liberalsten Gesellschaft, die jemals existiert haben mag. Früher wäre eine weise Frau, die mit Kräutern, Energie und Heilung gearbeitet hat, als Hexe bezeichnet und verbrannt worden; heute hängt sie in einem Bioladen ein Plakat auf und hat eine Webseite. Es ist ein anderes Zeitalter, eine andere Zeit. Es gibt heute eine Freiheit und Toleranz, die wundervoll ist. Unsere Beschränkungen und Ängste beruhen also eher auf unserem kollektiven Gedächtnis als auf der heutigen Realität.

Das stellt nicht in Abrede, dass du in mancher Hinsicht für viele Menschen um dich herum immer noch ein Außenseiter und Fremder bist. Obwohl das vielleicht zu einer gewissen Ablehnung, zu Unverständnis, Peinlichkeit oder Isolierung führen wird, ist es nicht lebensbedrohlich. Du kannst damit umgehen.

Und mehr als das: Es ist deine Herausforderung und deine Aufgabe, der Erbauer deiner Vision zu werden. Zunächst geht es vor allem darum, den Samen des Neuen, den du in dir trägst, zu würdigen. Du trägst sehr viele Bilder und Vorstellungen von neuen Seinsweisen in dir. Es ist, als verfügte deine Seele über eine Blaupause für das volle Erblühen der Möglichkeiten, die sich zu dieser Zeit in den Menschen entfalten möchten.

Du hast das Gespür für einen neuen Weg, wie du psychisch und spirituell gesund sein kannst, für eine neuen Art, mit dem Körper, der Natur und materiellen Dingen in Beziehung zu treten. Du siehst neue Möglichkeiten von Beziehungen, neue Kommunikationsformen, neue Arbeitsweisen und Karrierewege, neue Arten, Geld zu verdienen, ein neues Verständnis von Macht, neue Gesellschaftsformen. Du hast Ideale einer neuen Medizin, einer neuen Erziehung, einer neuen Form von Familie, Regierung und so weiter. Und ich möchte dir ganz klar sagen: Du bist kein Träumer, der irgendwelchen Spinnereien nachhängt. Was du in dir trägst, ist das Wiedererkennen dessen, was die innere Welt enthält – eine Blaupause für eine vollkommen neue Lebensart und Seinsweise.

Es ist, als wärst du ein Samenkorn, das in deine genetische Blaupause eingetragen hat, zu was für einer Blume oder was für einem Baum es werden soll. Deine Wahrnehmung dieser Blaupause in deinem Inneren ist sehr real. Sie ist wahrscheinlich eine der stärksten und machtvollsten Kräfte in deinem Leben. Um das zu veranschaulichen: Versuch dir vorzustellen, dass du deine Träume aufgibst und ein traditionelles, konservatives Leben führst, ohne einen höheren Sinn und Zweck. Du kannst es nicht!

Das ist die Kraft des Neuen, die Kraft der Vision, die dich ruft. Du bist ein Visionär. Hör auf deine Vision und vertraue ihr. Gib ihr Raum in deinen Gefühlen und Gedanken; gib ihr Raum in deinen Handlungen, Beziehungen und in dem, was du sagst. Indem du das tust, entwickelst du die Welt weiter!

Du baust neue Gedankenformen in die Dimension des Denkens ein, die den Planeten umgibt. Du erschaffst neue emotionale und energetische Schwingungen und Strukturen in der Energiewelt, die den Planeten umgibt.

Erkenne dein Potenzial als Schöpfer. Du erschaffst, zusammen mit vielen anderen, neue Frequenzen, neue Paradigmen und neue innere Energiezustände, und später werden diese Energien äußere Formen und Strukturen annehmen.

Das intuitive Wahrheitsempfinden

Ein anderes Gebiet, das für euch von größter Wichtigkeit ist, ist das, was ich als »intuitives Wahrheitsempfinden« bezeichnen möchte. Du hast ein Gespür dafür, was den Dingen zugrunde liegt. Jemand sagt vielleicht »Hallo« und lächelt und verhält sich nett, aber du spürst, dass er eine Maske aufsetzt und innerlich Schmerzen empfindet. Du siehst vielleicht, dass sich jemand großzügig verhält, spürst jedoch, dass er darunter manipulativ oder hinterlistig ist. Dieses »Wahrheitsempfinden« steckt tief in dir. Du besitzt eine »Wahrheitsliebe«. Wenn du eine Wahrheit erlebst, hat das für dich so etwas wie einen klaren und reinen Klang, den du in deinem Körper spüren kannst, und das macht deinen Geist glücklich.

Die Herausforderung, der du gegenüberstehst, besteht darin, dass wir in einer Welt voller Täuschungen und Lügen leben. Wir leben in einer Gesellschaft, die auf dem äußeren Anschein beruht, nicht auf Wahrheit. Wir werden als Kinder dazu erzogen, uns auf bestimmte Art und Weise zu verhalten, ein bestimmtes Gesicht zu zeigen. Das Ergebnis ist, dass viele von uns ihr Wahrheitsempfinden unterdrücken müssen. Wir müssen unsere eigenen Gefühle unterdrücken. Vielleicht fühlen wir uns unwohl mit etwas, das geschieht, aber wenn wir die Situation ohne zusätzliche Reibungen bewältigen wollen, müssen wir lächeln und freundlich sein.

Einer der größten Verluste, die uns widerfahren können, besteht darin, dass viele von uns von ihrem Wahrheitsempfinden Abstand nehmen, zumindest auf bewusster Ebene. Vielleicht verstricken wir uns in einem Verhalten, dass wir meinen annehmen zu müssen, oder in dem Verhalten, das uns beigebracht wurde. Vielleicht legen wir auch Scheuklappen an. Wir sehen vielleicht das Gute in anderen Menschen, aber unsere Filter halten uns davon ab, die zerstörerischen Muster in einer Person zu erkennen, mit dem Ergebnis, dass wir verletzt werden. Wir möchten Dinge, die unbequem sind, nicht gerne sehen. Und eben das ist unsere Herausforderung: zu sehen, dass es Hell und Dunkel gibt. Menschliche Wesen tragen ein breites Spektrum von Energien in sich, das von einigen sehr hellen und wundervollen spirituellen Dimensionen bis zu einigen sehr dunklen, dichten und beängstigenden Energien reicht. Die meisten von uns haben gelernt, die Dunkelheit nicht zu sehen. Aber sie ist da. Sie ist aktiv und hat ihre Auswirkungen.

Ein wichtiger Teil der Herausforderung, vor der du stehst, besteht also darin, den Mut zu haben, deine Augen zu öffnen, dein Drittes Auge zu öffnen, um die Wahrheit so zu sehen, wie sie ist. Und das heißt auch in dir selbst.

Wir wollen die Dunkelheit in uns nicht sehen. Viele von uns haben auch Angst, das Licht in uns zu sehen, denn das könnte ja heißen, dass wir herausragen. Dass wir *wirklich* herausragen!

**Lesen Sie bitte weiter
im nebenstehenden Buch ...**

Kabir Jaffe &
Ritama Davidson

**Indigo-Erwachsene
Wegbereiter einer
neuen Gesellschaft**

Sind Sie eine Indigo-Seele und wissen es nicht? Vielleicht sind
Ihnen Indigo-Kinder ein Begriff, und Sie haben nie daran gedacht,
dass viele davon bereits erwachsen sind. Es sind visionäre und
kreative Frauen und Männer, fortschrittlich, sensibel und unabhängig. Sie sind frustriert vom bestehenden Gesellschaftssystem
und wollen zu einer besseren Welt beitragen.

Die Autoren helfen diesen Menschen, ihr ganzes Potenzial zu leben
und ihrer Bestimmung zu folgen.

Mit einer Checkliste typischer Indigo-Merkmale!

gebunden, Leseband,
208 Seiten, € 19,90
ISBN 978-3-939373-10-0

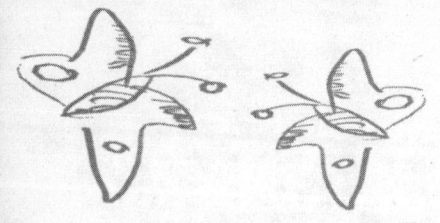

Autismus und die Verbundenheit mit Gott

Erkenntnisse über die hohe Spiritualität von Menschen mit Autismus

Eine Leseprobe aus dem Buch
von William Stillman

Einführung

Wenn Sie das vorliegende Buch lesen, gehören Sie offenbar zu jenen Menschen, die daran interessiert sind, mehr über Autismus zu erfahren. In den USA sind das laut einer Umfrage aus dem Jahr 2003 immerhin 71 Prozent. Wahrscheinlich haben Sie aber auch die sich häufenden Nachrichten gesehen oder gehört, die sich in den Medien auf das Thema beziehen oder es sogar groß herausstellen. Vielleicht kennen Sie auch jemanden, der ein Kind mit Autismus hat – ein Freund, eine Kollegin, eine Bekannte, Sie selbst.

Wenn der Titel Ihre Aufmerksamkeit erregt hat, werden Sie mehr über Autismus und seine starken spirituellen Bezüge erfahren wollen. Vielleicht haben Sie diese göttliche Verbundenheit auch schon aus erster Hand erlebt? Oder Sie sind so aufgeschlossen, dass Sie aus einer ganz einmaligen Perspektive mehr über Autismus erfahren möchten.

So ist es mir ergangen. Trotzdem war die Verinnerlichung des Ganzen eine überraschende Reise, die mich zu beruflichen und persönlichen Offenbarungen geführt hat.

Falls Sie mit Autismus nicht vertraut sind: Aus klinischer Sicht handelt es sich um eine neurologische Abweichung in der Vernetzung des Gehirns.

Es ist nicht bekannt, dass es eine einzelne Ursache gäbe, wohl aber gibt es zahlreiche Theorien; die aktuelle Forschung konzentriert sich auf genetische und umweltspezifische Faktoren. (Noch 1997 präsentierte ein Lehrbuch zur Krankenpflege das alte Klischee, gleichgültige, »kalte« Mütter wären für die autistische Dissoziation ihrer Kinder verantwortlich!)

Autismus beeinträchtigt vor allem die Fähigkeit, effizient, verlässlich und universell verständlich zu kommunizieren. Das bedeutet, dass viele Betroffene entweder gar nicht sprechen oder ihre sprachlichen Fähigkeiten begrenzt sind. Das macht es ihnen schwer, die eigenen Wünsche, Bedürfnisse, Gedanken und Sehnsüchte zu äußern – was sich unweigerlich auf die Qualität der sozialen Beziehungen auswirkt. Die Schwierigkeit, soziale Beziehungen aufrechtzuerhalten, ist ein weiteres Kennzeichen der Diagnose »Autismus«.

Autismus wird auch diagnostiziert, wenn ausgeprägte Abweichungen der fein- und grobmotorischen Fertigkeiten vorliegen. Dazu gehören stereotype Verhaltensweisen, etwa das Vor- und Zurückwiegen des Körpers, das Kreisenlassen einer Stück Schnur, das ständige Aus- und Anknipsen eines Lichtschalters oder einfach die Unfähigkeit, sich koordiniert und geschickt zu bewegen. (Einige Personen mit Autismus haben vorgebracht, dass gewisse körperliche Auffälligkeiten nicht ihrem

Willen unterliegen, wie anhaltendes unwillkürliches Zittern, Niesen oder Zucken.)

Autismus ist eine lebenslange Erfahrung und weder ansteckend noch heilbar. Er gehört ganz natürlich zum Wesen eines Menschen, genau wie seine Haarfarbe, die Pigmentierung seiner Haut und Eigenschaften, die er von seinen Ahnen vererbt bekam – Autismus ist so spezifisch und individuell wie jeder einzelne Mensch. Er spielt sich in einem breiten, sehr bunten Spektrum ab, das von Menschen, die *scheinbar* beträchtliche Handicaps aufweisen, bis zu solchen mit äußerst leichten Ausprägungen reicht.

Ich beispielsweise erkenne mich im Asperger-Syndrom wieder, vor allem wenn ich an meine Kindheit, meine Jugend und mein frühes Erwachsenenleben denke. Das Asperger-Syndrom wird in diesem breiten Spektrum derzeit als einer der »Vettern« des Autismus betrachtet. Es gilt als eine leichtere, hochfunktionale Form dieses Erlebens, und ich kann mich gut in Menschen mit dieser Diagnose einfühlen.

Für mich bedeutet Asperger die lebenslange Unfähigkeit, viele soziale Konventionen und Interaktionen auf die übliche Weise zu interpretieren, beispielsweise Humor und versteckte Anspielungen in einem Gespräch. Ich interpretiere eher wörtlich und konkret. Außerdem bedeutet Asperger für mich, dass ich Themen, die mich persönlich begeistern, Beziehungen zu Menschen vorziehe. »Menschen« waren für mich immer so etwas wie eine Fremdsprache, die ich wie ein Tourist gerade so gut beherrschte, dass ich damit durchkam.

Und letzten Endes ist – wie bei meinen Brüdern und Schwestern mit Autismus – mein gesamtes Nervensystem so feinfühlig, dass meine Emotionen und Sinne in einer Frequenz »schwingen«, die sich von jener der meisten anderen Menschen unterscheidet.

Spiritualität bei Menschen mit Autismus

Ich berate jetzt schon seit Jahren speziell Teams, die vor der Herausforderung stehen, Menschen, die anders sind, beispielsweise Autisten, zu verstehen. Ich hatte bereits mit vielen autistischen Menschen zu tun, die spirituell brillant sind und eine Schönheit besitzen, die von innen heraus strahlt – es war, wenn Sie so wollen, ein gegenseitiges »Erkennen«.

Einige dieser Personen oder ihre Familien haben meine sofortige Wahrnehmung einer spirituellen Angebundenheit bestätigt. Ihre Geschichten haben unterstrichen, dass viele Personen mit Autismus eine gesteigerte Bewusstheit, eine angeborene Sanftheit und äußerste Sensibilität besitzen – sie haben die Fähigkeit, alles Sichtbare und Unsichtbare wahrzunehmen. Bei manchen nehmen diese Segnungen die Form »medialer Begabungen« an wie solcher, die ich als Kind durch eigene Erlebnisse und meine Lektüren kennen gelernt hatte. Mir wurde von Fällen berichtet, bei denen der oder die Betreffende wusste, was jemand dachte, noch ehe es ausgesprochen wurde, oder es wurden zukünftige Ereignisse vorhergesagt, die tatsächlich eintraten, oder jemand hatte eine besondere, wortlos sich zeigende Verbundenheit mit Tieren. Wieder andere hatten Visionen von ihren Großeltern oder anderen geliebten Menschen, oder sie kommunizierten mit Engeln – Fähigkeiten, die scheinbar Heiligen und Propheten der Alten Welt vorbehalten waren.

Wenn ich so darüber nachdenke, stimmt diese Befähigung der Sinne zu einer höheren Schwingung mit der prägnanten, oft überwältigenden autistischen Sensibilität für alles überein, was man sieht, riecht, schmeckt, berührt oder hört. Manche Personen mit Autismus reagieren sogar auf wetterbedingte Veränderungen der Anzahl positiver Ionen – ein Vorgang, der als Serotonin-Stress-Reaktion bezeichnet wird und das Nervensystem der oder des Betreffenden völlig durcheinanderbringen kann.

2002 berichtete die amerikanische Academy of Neurology über Forschungen von Wissenschaftlern des Medical College in Georgia, der University of South Carolina und des Downtown VA Medical Center in Augusta/Georgia. Sie hatten computergenerierte Bilder des Gehirns von Menschen mit Autismus untersucht und festgestellt, dass kleinere, sich aber überdurchschnittlich reproduzierende Minikolumnen – eine Basiseinheit der Hirnzellenorganisation – jenem chronischen Übererregungszustand entsprachen, der vermutlich die Fähigkeit beeinträchtigt, zwischen konkurrierenden sensorischen Informationen zu unterscheiden.

Die klinische Autismus-Definition wird weder den Familien noch den Betroffenen gerecht. Leider verweist sie oft eher auf die Defizite, die man an sich wahrnimmt, als auf die eigenen Stärken, Begabungen und Fähigkeiten.

Viele Eltern sagten mir, es wäre ein »Todesurteil« für sie, wenn ihr Kind die Diagnose »Autismus« erhielte. Einige sind extrem verbittert oder ärgern sich maßlos über den Autismus ihres Kindes und die verwirrenden und manchmal gewalttätigen Verhaltensweisen, die das nach sich ziehen kann. Dieser Bereich ist sehr verworren. Sehr häufig liegt der Schwerpunkt darauf, wie man Menschen mit Autismus in Hinblick auf Konformität und »Normalität« am besten »managt« und steuert, sodass das Offensichtliche häufig vergessen wird: die ungewöhnlichen und *kolossalen Gaben* von Menschen, die von Natur aus zart und ausnehmend feinfühlig sind.

Vor allem müssen wir das Klischee erschüttern, Menschen mit Autismus wären zwangsläufig intellektuell beeinträchtigt (das heißt, in ihrer geistigen

Entwicklung zurückgeblieben), eben weil sie autistisch sind.

Sollten Sie dieser Meinung sein, möchte ich Sie höflichst bitten, Ihre diesbezüglichen Vorbehalte abzulegen. Mein Mantra lautet: »Unterstellen Sie immer Intelligenz.« Ich möchte Sie auch ermutigen, sich intensiv um ein Verständnis des Autismus zu bemühen. Wenn man davon ausgeht, dass unsere Seelen auf der Reise zur spirituellen Vollkommenheit einen Weg des ewigen Lernens durchlaufen, mag es aus theologischer Sicht zutreffen, dass die Menschen, die in ihrem Leben vor den größten Herausforderungen stehen, zu den fortgeschrittensten Seelen zählen.

Angela, ein junges Mädchen mit autistischen Merkmalen, sagt: »Ich bete darum, dass der Himmel einen Plan für mein Leben hat. Gott liebt Menschen, die ein Leben führen wie ich.«

**Lesen Sie bitte weiter
im nebenstehenden Buch …**

William Stillman

**Autismus und
die Verbundenheit
mit Gott**

Autismus ist in den USA bei Kindern bereits weiter verbreitet als
Krebs oder das Down-Syndrom. 2007 war schon jedes 150. Kind betroffen. Es ist keine einzelne Ursache bekannt – und kein Heilmittel.
Es wurde als Gebrechen und als Strafe beschrieben. Aber was, wenn
es einen Zweck verfolgt? Was, wenn es eine Gabe ist?

Der Autor weist selbst das Asperger-Syndrom auf. In seinem Buch
zeigt er die besonderen mentalen Fähigkeiten von Jugendlichen
mit Autismus und die großartige Chance, die sich allen nicht-
autistischen Menschen durch den Austausch mit ihnen bietet.

Das erste Buch über Autismus und Spiritualität!

gebunden, Leseband,
224 Seiten, € 19,90
ISBN 978-3-939373-14-8

Leseproben auf www.amraverlag.de

Celia Fenn

Vom Abenteuer, als Indigo- oder Kristallmensch zu leben

Was haben die Kinder von heute mit unserer globalen Krise zu tun? Sie helfen uns, sie zu lösen. Indigos rütteln uns auf, Kristallkinder sind Friedensstifter. Durch ihre leichte Verletzbarkeit und ihr soziales Bewusstsein führen sie uns zu Liebe, Vergebung und Mitgefühl.

Woher kommen diese Kinder? Woran erkennen wir sie? Und wie bewirken sie unser persönliches Erwachen zu menschlichen Engeln und Kristallerwachsenen?

1 € pro Buch geht an das Kinderhilfsprojekt
»Starchild – Children of Africa«.

gebunden, Leseband,
192 Seiten, € 16,90
ISBN 978-3-939373-06-3

Leseproben auf www.amraverlag.de

Meg Blackburn Losey
The Children of Now

Eine große Anzahl Kinder kommt in diese Welt, die nicht mehr mit herkömmlichen Maßstäben zu messen sind. Sie kommunizieren telepathisch, können mit feinstofflichen Energien umgehen und haben erstaunliche mediale Fähigkeiten. Die Autorin zeigt, zu welchen multidimensionalen Realitäten sie Zugang haben und wie die Gesellschaft diese Kinder unterstützen und fördern kann.

»Meg Blackburn schafft wie niemand sonst eine Öffentlichkeit für die Neuen Kinder.«

Lee Carroll, Autor von *Die Indigo-Kinder*

gebunden, Leseband,
240 Seiten, € 21,90
ISBN 978-3-939373-09-4

Leseproben auf www.amraverlag.de

Meg Blackburn Losey &
Michaela Merten
Inside and Out

Meg Blackburn Losey, eine begnadete Heilerin und spirituelle
Lehrerin, die auf der Webseite von Shirley MacLaine eine regelmäßige Radiosendung unterhält, hat ihre erste Meditations-CD für
Kinder herausgebracht. Ihre Bücher über die Neuen Kinder sind zu
internationalen Bestsellern geworden. Den deutschen Text zur ein-
fühlsamen Musik des Grammy-Gewinners Barry Goldstein spricht
Bestsellerautorin Michaela Merten.

Eine Fantasiereise für Kinder zur Entfaltung ihrer Begabungen.
Perfekt zum Englisch-Lernen!

deutsch, englisch, instrumental,
78 min, CD im Jewelcase, € 19,50
ISBN 978-3-939373-19-3

Hörprobe auf www.amraverlag.de

Jonathan Goldman

Klangheilung

In diesem Standardwerk der Energiemedizin zeigt der bedeutendste Lehrer für Klangheilung im Westen, wie wir bewusst Schwingungen hervorrufen können, die ihren Weg durch die Materie nehmen – bis in die höchste Feinstofflichkeit hinein.

So kann unsere Stimme das Energiesystem jedes Menschen harmonisieren und Krankheiten aufheben. Wir können auf diese Weise sogar unsere Realität verändern. Das ist das Geheimnis und die Schöpferkraft des Obertongesangs.

Mit Anleitungs-CD zum Erlernen heilender Klänge!

gebunden, Leseband,
256 Seiten, € 22,90
ISBN 978-3-939373-04-9

Wie nimmst Du wahr?
Bilderdenken erfahren
Die Neuen Kinder: Chance für unsere Welt
Legasthenie, ADS/ADHS –
Behinderung oder Talent?

Peter Classen hält diese Seminare und Vorträge
im In- und Ausland.
Bitte sprechen Sie ihn für Veranstaltungen
in Ihrer Region an.

Nähere Informationen beim AMRA Verlag:
info@amraverlag.de
oder über den Autor selbst:
www.peter-classen-fantasiereisen.de

Telefon-Hotline: 06181 – 18 93 92